CHRISTIAN GRAUER

ES GIBT KEINEN GOTT, UND DAS BIN ICH!

Christian Grauer

Es gibt keinen Gott, und das bin ich!

Anthroposophie im Nadelöhr

FUTURUM

Mit besonderem Dank an meinen Freund Felix Hau.

1. Auflage 2011

Satz: Verlag
Einbandgestaltung: Finken & Bumiller, Stuttgart
Druck und Bindung: fgb. freiburger graphische betriebe
Printed in Germany
ISBN: 978-3-85636-228-7
www.futurumverlag.com

INHALT

I

ICH BIN KLEIN, MEIN HERZ IST REIN

«Am Anfang wurde das Universum erschaffen. Das machte einige Leute sehr wütend und wurde allenthalben als ein Schritt in die völlig falsche Richtung bezeichnet.»
Douglas Adams

Im schwäbischen Pietismus aufzuwachsen, wird durch Anthroposophie nicht unbedingt lustiger. Geografisch betrachtet bin ich zwar in Baden geboren und groß geworden, in Sichtweite zur württembergischen Grenze, gleichsam im Niemandsland. Doch meine Familie und die gesamte Verwandtschaft stammen durchweg aus dem Zentrum Württembergs, aus der weiteren Umgebung von Tübingen. Protestantismus und Pietismus haben dort eine lange und eigenwillig hartnäckige Tradition. Und zu allem Überfluss wollte es der Zufall, dass der Nachbar- und Hauptort unseres Dorfes eine Herrnhuter Brüdergemeine war.

Die Herrnhuter Brüdergemeine ist eine Glaubensbewegung innerhalb der evangelischen Kirche, die aus dem Pietismus und der böhmischen Reformation hervorgegangen ist. Sie ist geprägt durch Bibeltreue, strenge religiöse Praxis im Alltag, asketischen Verzicht auf sinnliche Verlockungen, Ernst, Demut und Glauben. Für mich als Kind war ihr auffälligstes Merkmal, dass sich die Gemeindemitglieder auch im Alltag mit «Bruder» und «Schwester» und angehängtem Nachnamen anredeten. Dieselbe Anrede benutzten wir als Schüler für unsere Lehrer im privaten Gymnasium der Gemeinde, das ich ein Jahr lang besuchte, bevor ich auf die neu gegründete Waldorfschule im 15 km entfernten Schwenningen wechselte.

Obwohl meine Eltern auch damals schon Anthroposophen waren und sich keineswegs einem pietistischen Bekenntnis verbunden fühlten, lebten sie doch sehr in der protestantisch-pietistischen Tradition, in die auch sie hineingeboren waren. Sie waren keine aktiven Kirchgänger, traten irgendwann sogar aus der Kirche aus und gingen deutlich auf Distanz zu ihr. Diese Opposition folgte aber weniger einer reflektierten Kritik an Kirche und Religion als vielmehr der anthroposophischen Weltanschauung, die sie pflegten und die in den Kirchen eine antimoderne und antiindividualistische Spiritualität sah, die an neuralgischen Stellen mit dem Kirchenbekenntnis nicht vereinbar ist. Unter der Oberfläche des ausdrücklichen Bekenntnisses lebten aber durchaus tiefe christliche, protestantische und pietistische Werte in einer solchen Selbstverständlichkeit, dass sie überhaupt nicht mit einem Bekenntnis oder einer Kirche in Verbindung gebracht wurden.

Diese Werte dominierten in meiner Familie nach außen nicht den Alltag, wie in der benachbarten Brüdergemeine, sondern sie erschienen durchaus in gemäßigter Form. Sie prägten aber gleichwohl diesen Alltag als moralische und ästhetische Grundkonstanten. Calvinistische Arbeitsethik, Lustfeindlichkeit und Prüderie, Leidens- und Schmerzkultur, Jenseitsglaube, Teleologie, Gnade, Demut, Subordination, Anstand und Sitte, Altruismus, Pflicht, Normalität. Das alles wurde nicht als Überzeugung oder Imperativ formuliert, sondern es durchzog einfach den Alltag als Selbstverständlichkeit und lebte vor allem in der Ablehnung und Verachtung des Gegenteils. Es fügte sich damit auch durchaus in eine allgemeinere gesellschaftliche Norm ein. Im Rückblick erinnere ich mich auch weniger an die konkrete Formulierung und Anwendung dieser Werte als vielmehr an eine Unterdrückung, Tabuisierung und Vermeidung dessen, was nicht diesen Werten entsprach. Und besonders hartnäckig wurde geschwiegen über Sexualität und jede Art körperlicher Lust. Aufgeklärt hat mich daher auch die Stadtbibliothek. Über alles, was mit Sex, Erotik, Nacktheit, Körper zu tun hatte, wurde, wenn überhaupt, nur in Euphemismen und Andeutungen gesprochen, mit einem Zaudern und in einer Abfälligkeit, die mir als Kind die völlige Abwegigkeit dieser Dinge schon rein atmosphärisch vermittelte. Selbst eine Sauna hatte für mich als Kind den Beigeschmack von etwas Obszönem. Und wenngleich dieses Tabu beim Thema Sexualität kulminierte, so erstreckte es sich doch auf alles, was in irgendeiner Form der reinen zweckfreien Lust diente.

Alle sinnliche Lust und Belustigung stand zunächst unter dringendem Verdacht. Jede Kultivierung von Körperlichkeit, jede Art von Kosmetik und Körperästhetik, selbst Sport und Bewegung waren nur dann akzeptiert, wenn sie als Mittel einem geistigen oder zumindest sozialen oder kulturellen Zweck dienten. Sport in Form einer Bergwanderung oder Schwimmen als Naturerleben des Meeres waren in Ordnung. Auch für Kinder war «normale» sportliche Betätigung erwünscht, weil sie der Entwicklung dient. Gesundheitliche Aspekte waren ebenfalls eine Rechtfertigung für Sport: Bewegung und frische Luft sind gesund. Aber: Dazu genügten Wandern, Langlaufskifahren, Schwimmen, Fahrradfahren. Bereits Joggen stand als amerikanische Modeerscheinung unter dem Verdikt einer unnötigen, affektierten und auf Äußerlichkeit basierenden Sportart. Und so auch alle anderen Disziplinen, die nicht dem klassischen Zehnkampf angehörten. Insbesondere neue, modische und jugendliche Sportarten. Am obersten Ende der Unmöglichkeit rangierten Betätigungen wie Kampfsport, Kraftsport oder Bodybuilding. Die reine Lust am eigenen Körper und die körperliche Selbsterfahrung, die in vielen sportlichen Disziplinen den eigentlichen Reiz ausmachen, wurden gleichgesetzt mit der Kultivierung untersinnlicher Triebhaftigkeit, körperlich-erotischer Lust und damit einer geistfernen, der Entwicklung zum höheren Menschen abträglichen materialistischen Diesseitigkeit.

Ähnliches gilt für Humor, Spaß und Freude, wo sie nicht als Mittel, sondern als Zweck auftreten. Aus meiner Kindheit erinnere ich mich an Karl Valentin, Emil Steinberger, Christian Morgenstern und die Manifestationen des Weltenhumors in der Faschingsausgabe der Zeitschrift «Goetheanum», die als geistkonformer Humor galten, weil er eigentlich nur als Kleid für höhere Wahrheiten aufgefasst wurde. Karl Valentin rangierte dabei allerdings an der unteren Grenze, weil er zwar rein intellektuell anspruchsvoll und thematisch völlig ungefährlich war (das heißt kein Sex), jedoch aus einer materialistischen, weil nicht-anthroposophischen Geisteshaltung stammte. Schon Dieter Hallervorden, dessen Aufnahmen ich als Kind mehr oder weniger heimlich auswendig lernte, wurde nur unter abfälligen Kommentaren toleriert. Alle Formen von Humor, denen womöglich schierer Spaß an der Albernheit zugrunde lag, wurden von vornherein ausgeblendet. Dabei war insbesondere mein Vater ein durchaus humorvoller Mensch, der Albernheiten durchaus zugetan war. Aber der gesamte Kontext ließ es nicht zu, darin etwas anderes als eine Ausgelassenheit zu sehen, die nur tolerierbar war, solange sie unverfänglich und so nebensächlich blieb, dass sie kein Angriff auf die moralische und geistesfürchtige Normalität darstellte. Und wenn auch nur ein Hauch von Sex oder Erotik ins Spiel kam, dann war ohnehin Feierabend. Es ist kein Scherz, wenn ich sage, dass ich die Filme von Woody Allen als Kind und Jugendlicher für Pornofilme hielt. Ich muss mindestens 16 gewesen sein, als ich mehr durch Zufall in einer meiner Fernsehnächte, mit denen ich den restriktiven Umgang mit diesem Medium in meiner Kindheit kompensierte, «Hannah und ihre Schwestern» sah und hoffnungslos irritiert war, weil nirgends Sex und Porno, sondern stattdessen ein Meisterwerk der Filmgeschichte zu sehen war. Natürlich benutzt Allen irgendwo die Vokabel «Sex» und inszeniert genüsslich die pseudo-psychoanalytische Rhetorik seiner Protagonisten. Ein Autor von Filmen mit dem Titel «Was Sie schon immer über Sex wissen wollten», in dem solitäre Riesenbrüste und sprechende Spermien vorkommen, sprengte ganz einfach den Wertekatalog meiner Sozialisierung.

Ein weiteres Phänomen aus diesem Bereich war die fast völlige Unterdrückung von Emotionen und Gefühlsäußerungen. Ich muss ehrlich sagen, dass ich erst ungefähr mit 35 Jahren wirklich angefangen habe, meine Gefühle zu bemerken. Meine Eltern waren keineswegs herzlos oder nachlässig gegen uns, ich habe keinerlei Zweifel daran, dass sie uns liebten. Aber gesprochen wurde darüber nicht. Weder wurde ich irgendwann gefragt, wie ich mich fühle, ob ich traurig bin oder zornig, glücklich oder verliebt. Noch sprachen meine Eltern vor mir über ihre Gefühle. Alles, was irgend in eine emotionale Richtung führte, wurde im Gespräch sorgsam objektiviert und möglichst auf einen Diskurs über Äußerlichkeiten oder in eine rationale Ebene abgelenkt. Nicht bewusst, sondern als Ergebnis einer unbewussten, gewohnheitsmäßigen Strategie. Als meine heiß geliebte Oma starb, war ich etwa 10 Jahre alt, und wir brachen unseren Urlaub in Südfrankreich ab, um sie in Ihrem Zuhause auf dem Sterbelager aufgebahrt zu sehen. Bei dieser Gelegenheit sah ich nicht nur zum ersten Mal einen toten Menschen, sondern auch zum ersten und ich glaube einzigen Mal meinen Vater weinen. Und ich war fassungslos. Ich musste mir klar machen, dass meine Oma seine Mutter war, und erst heute, nach dem Tod meines Vaters, weiß ich vielleicht wirklich, was er gefühlt hat. Die emotionale Beziehung zwischen meinen Eltern und ihren Eltern und Geschwistern war mir bis zu diesem Ereignis völlig verborgen geblieben. Der Umgang mit den Verwandten war im Grunde nicht anders als mit Geschäftsfreunden oder dem Wirt unseres Stammlokals. Nur dass man sich duzte. Bei der Rückfahrt dann im Auto, während ich versuchte, mit den Gefühlen zurecht zu kommen, die der Besuch bei meiner toten Oma in mir hinterlassen hatte, war das Erste, worüber gesprochen wurde, die gute Arbeit der Leichenbestatter, die Oma hergerichtet und geschminkt hatten. Ich erstarrte innerlich ob der Perspektive, in welche dieses existenzielle, mich – und offenbar auch meinen Vater – im tiefsten Innern treffende Erlebnis gerückt wurde. Es war wie ein Blitz, der in die Heiligkeit meiner Empfindungen schlug. Heute sehe ich, dass diese Perspektive natürlich genauso normal ist wie die emotionale. Mein eigentliches Problem war damals nicht das Gespräch über diesen sachlichen Aspekt, sondern das absolute Fehlen eines Umgangs mit der emotionalen Dimension. Ich blieb damit völlig allein und schlimmer noch: Ich glaubte, es müsse so sein, dass man damit allein bleibt. Ich gewöhnte mich daran, dass Gefühle etwas waren, worüber man möglichst nicht spricht und die man möglichst nicht zeigt.

Ich schildere dieses einzelne, sehr intime Erlebnis als ein extremes Beispiel für die Marginalisierung von Körperlichkeit und Emotionalität, die sich latent durch meine Sozialisierung zog. Auch dies war ein weit über meine Familie hinausgehender Charakterzug protestantisch-pietistischer Werte, der sich aber durchaus auch in der Anthroposophie wiederfindet. Die Überbetonung des Denkens, der Begriffe und Ideen, und die vergleichsweise stiefmütterliche Bewertung von Emotionalität und Gefühl, als einer «nur subjektiven», nicht rein geistigen Bewusstseinsschicht, ist eine Haltung, die sich nicht überall, aber in bestimmter Weise in der Anthroposophie wiederfindet. Kommt man mit einer solchen Voreinstellung an sie heran, kann man sich jedenfalls problemlos darin bestätigen lassen. Denn die herzliche und sorgsam heimelige, bisweilen theatralisch und pathetisch schön, vertraut und behütet wirkende Atmosphäre, in der sich Anthroposophie vielfach zeigt, basiert weniger auf spontaner Emotionalität und ihrer Äußerung, als vielmehr auf einem begrifflich-ideellen Konzept, das den Wert von Ästhetik, Ritualität und Stimmungen für die Kultur und insbesondere für die Pädagogik entdeckt hat. Als solches ist es in unserer teilweise extrem rationalen und rationalisierten Kultur ganz besonders im Umgang mit Kindern sehr wertvoll, aber es ist kein Ersatz für die Pflege einer emotionalen Kommunikation und einer Kommunikation des Emotionalen. Ich habe sogar den Argwohn, dass es diese Kommunikation bis zu einem gewissen Grade sogar verhindert, weil das übermächtige, ritualisierte Pathos keinen Raum mehr für emotionale Spontaneität lässt.

So war also diese ganze Mischung aus Lustfeindlichkeit, Prüderie, Gefühlsunterdrückung und Weltferne keine Besonderheit meines Elternhauses, sondern im Kern durchaus einer protestantisch-pietistischen Tradition geschuldet, die in allem Irdischen und Fleischlichen das Unheil und in der

Hinwendung zum Abstrakten und Jenseitigen die Erlösung sieht der jede Lust und Freude verdächtig ist und die nur in der Katharsis durch das Leiden den Weg zum Heil findet. Ein Zug, der sich auch quer durch das Bildungsbürgertum zieht und der unterschwellig die intellektuellen, schöngeistigen und ethisch-moralischen Werte unserer Geistesgeschichte dominiert. Auch wenn diese Werte nicht in missionarischem Pathos nach außen getragen werden, stellen sie unhinterfragte Grundüberzeugungen dar, an denen sich die vielen alltäglichen, mehr oder weniger bedeutenden Wertungen und Urteile orientieren, die auch im größeren Umkreis meines Sozialisierungskontextes weitgehend normal waren. In Verbindung mit dem Bedeutungskontext und der moralischen Intensität der Anthroposophie entstand daraus aber eine explosive Mischung, deren fatale Wirkungen ich im Weiteren beschreiben will.

DER ANTHROPOSOPHISCHE UNTERGRUND

> «Puritanismus ist die quälende Furcht, dass irgendwer irgendwo glücklich sein könnte.»
>
> Henry Louis Mencken

Nun bin ich also nicht nur in einer protestantisch-pietistischen Umgebung aufgewachsen, sondern auch in einer anthroposophischen. Und durch diese Anthroposophie unterschied sich meine Familie in vieler Hinsicht von unserer gesellschaftlichen Umgebung. Dies betrifft nicht nur die typischen Merkmale des anthroposophischen Images, sondern auch eine explizit vertretene Kritik am Kirchenchristentum, eine linksalternative und ökologische Färbung des eigentlich konservativ-bürgerlichen Haushalts, einen Hang zum Natürlichen, zur musischen und künstlerischen Bildung und die Beschäftigung mit philosophischen, paraphilosophischen, metaphysischen und esoterischen Themen in einer zumindest dem Selbstverständnis nach wissenschaftlichen und nicht religiösen Form. Außerdem lebte in dem Anthroposophischen ein gewisser liberaler und individualistischer Anspruch, der sich selbst, vor allem in seiner esoterischen Ausrichtung, als eine Form der Aufklärung gegenüber dem «normalen» bürgerlichen Spießertum mit seinen materialistischen Grundüberzeugungen verstand.

Meine Eltern besuchten zwar einige Jahre eine Waldorfschule, doch den persönlichen Zugang zur Anthroposophie fanden sie erst später über das Thema Kindererziehung. Und so war die Pädagogik auch das Feld, auf dem sich die Anthroposophie bei uns am stärksten im Alltag niederschlug. Meine Eltern wurden Mitgründer eines Fördervereines, aus dem später jene Waldorfschule hervorging, die ich ab der 5. Klasse besuchte. Doch schon bevor die Schule bestand, veranstaltete der Verein Kurse und Veranstaltungen für Eltern, aber auch für Kinder. Ich erinnere mich an einen Malkurs, in dem viele Nass-in-Nass-Bilder entstanden, sowie an einen Eurythmiekurs, den wir regelmäßig besuchten. Meine Eltern gingen auch zu vielen Vorträgen und nahmen am wöchentlichen Zweigabend teil, den sie über viele Jahre auch im eigenen Hause ausrichteten.

Die Anthroposophie oder die Waldorfpädagogik war für mich, seit ich denken kann, fester Bestandteil der Erziehung, und meine Mutter pflegte diese Erziehung in einem besonderen Maße, wie das für viele anthroposophische und der Waldorfpädagogik nahestehende Eltern der Fall ist. Ich werde später darauf zurückkommen, dass dieses besondere Maß nicht nur in einer bestimmten Methode und Ausstattung liegt, sondern mehr noch in einer gewissen Haltung, einer Ernsthaftigkeit und einer Bedeutung, die der Erziehung und dem Umgang mit den Kindern beigemessen wird. Das musste zunächst überhaupt keine bestimmte, anthroposophische Form haben. Die Erinnerung an meine Kindheit ist geprägt von den gemeinsamen Spielen und Unternehmungen mit den Kindern aus der Nachbarschaft, die mit Anthroposophie oder Waldorfpädagogik nichts zu tun hatten. Auch der nahegelegene (konventionelle) Bauernhof war ein beliebter Spielplatz für uns. Nicht nur jeden Herbst bei der Kartoffelernte, bei der die ganze Nachbarschaft half. Oft waren Nachbarskinder bei Ausflügen oder auch in den Ferien dabei. Wir waren, was Kinder betraf, sehr gut in der Nachbarschaft integriert und deren Kinder nicht selten und in großer Zahl in unserem

Haus zu Gast. Ich weiß offen gestanden nicht, inwieweit unseren Nachbarn bekannt und bewusst war, dass meine Eltern Anthroposophen waren und was das genau bedeutete. Nach außen schien davon so gut wie nichts in Erscheinung zu treten, abgesehen von ein paar einschlägigen Einrichtungsgegenständen, einer Steiner-Bibliothek, Weleda-Zahncreme und ähnlichem. Die Waldorf-Erziehung meiner Eltern floss an dieser Stelle ganz unprätentiös in den Alltag ein. Weder isolierte sie uns noch wurde sie in irgend einer Form offensiv nach außen demonstriert. Erst als ich die Waldorfschule besuchte, statt auf die Schule zu gehen, auf die alle Nachbarskinder gingen, wurde dies in der Nachbarschaft thematisiert. Doch ob dies mit einer anthroposophischen Weltanschauung meiner Eltern in Verbindung gebracht wurde, kann ich nicht abschätzen. Angeblich lautete eine der Reaktionen: «Aber warum nur, hat Christian denn Probleme in der Schule?» Informationen über die Ausrichtung der Waldorfpädagogik waren demnach eher spärlich vorhanden. Und meine Eltern wären die Letzten gewesen, sich dafür womöglich mit missionarischem Eifer in der nachbarschaftlichen Öffentlichkeit zu engagieren.

Ich schildere dies so ausführlich, um deutlich zu machen, wie ich die Anthroposophie in diesem eigentlich normalen Alltag erlebte. Denn trotz der Normalität und dem bürgerlich-liberalen Äußeren der Familie war die Anthroposophie stets präsent und führte nach innen ein sehr dezidiertes Dasein. Obwohl ich ja die Anthroposophie mit der Muttermilch aufgesogen hatte, war sie für mich nicht Teil der Normalität und der Selbstverständlichkeit. Ich erinnere mich sehr gut, dass ich schon früh ganz genau unterscheiden konnte zwischen anthroposophischen Dingen – wie etwa dem Malkurs, der Eurythmie, Bienenwachskerzen, Wachsblöcken etc. – und den normalen, nicht-anthroposophischen Dingen: Comics, Fußball, Stearinkerzen, Filzstifte. Alles Anthroposophische hatte so eine eigene Anmutung, die ich als Kind ganz intuitiv erfasste. Und alle anthroposophischen Dinge wurden mit besonderer Bedeutung belegt, aber es umgab sie auch immer eine konspirative Aura. Immer dann, wenn wir in einer nichtanthroposophischen Umgebung waren – beispielsweise bei Verwandtschaftsbesuchen oder eben in der Nachbarschaft –, wurde die anthroposophische Bedeutungswelt sorgsam ausgeblendet. Ich erinnere mich an kein einziges Gespräch in solchen Zusammenhängen über Anthroposophie. Ich erlebte das wie zwei getrennte Welten, die zwar am selben Ort und zur selben Zeit existierten, aber dennoch voneinander getrennt waren. Und diese Trennung verlieh dem Anthroposophischen eine ganz besondere Note, die etwas Bedeutsames, aber auch etwas Elitäres und Konspiratives hatte.

Im Rückblick stellte sich darin die stillschweigende Gewissheit dar, dass man die normale Welt zwar respektiert, aber mit der Anthroposophie doch einen Zugang besitzt, der weit über das hinausgeht, was einem normalen Menschen möglich ist. Der Name Rudolf Steiner verband sich in mir mit einer Aura, die ihn zu etwas machte, was man als religiöser Mensch wahrscheinlich einen Propheten nennen würde. Ich lernte durchaus auch Respekt vor Goethe, Beethoven, Chagall oder Platon. Aber das war nur Respekt vor bedeutenden Menschen. Das, was sich mit dem Namen Rudolf Steiner verband, war mehr als Respekt vor einem bedeutenden Menschen. Es war Verheißung und Ehrfurcht. Es war der Name dessen, auf den sich der gesamte anthroposophische Sinnzusammenhang fokussierte. Rudolf Steiner war kein Autor, kein Lehrer, kein Weiser, kein Genie – er war der Urmythos unseres anthroposophischen Lebens und der Überzeugungen, aus denen ich als Jugendlicher und junger Erwachsener mein Weltbild formte. Und die Tatsache, dass dieser Rudolf Steiner von der Außenwelt verkannt wurde, ja dass es überhaupt eine Außenwelt im Unterschied zur Anthroposophie gab, verstärkte die mythische Aura um diesen Namen nur noch mehr.

Im Rückblick nimmt diese Diskrepanz zwischen der bürgerlichen Normalität und der familieninternen anthroposophischen Subkultur einen durchaus schizophrenen Charakter an. Und ich ertappe mich auch heute noch, dass ich bisweilen in diese latent konspirative Haltung verfalle, wenn ich in einem dezidiert nichtanthroposophischen Zusammenhang auf die Anthroposophie angesprochen werde. Ich bemerke an mir einen seltsamen Reflex, der sofort auf Verteidigung schaltet, als gelte es, einen Eindringling abzuwehren und die Anthroposophie vor Beschädigung zu schützen. Auch dann, wenn nur ganz neutrale, interessierte Fragen gestellt werden. Ich erlebte allerdings diese Art des Umgangs mit Anthroposophie nicht nur bei meinen Eltern, sondern auch damals und später, und ich erlebe sie heute noch bei vielen anderen Anthroposophen. Ich weiß nicht, ob dieser Reflex etwas Anthroposophie-Typisches ist oder ob er in anderen weltanschaulichen Minderheiten auch auftritt. Redeweisen wie «Wir sind ja unter uns, dann kann ich das sagen ...» oder «Wenn Sie auch Anthroposoph sind, dann kann ich ja offen mit Ihnen reden ...» hörte ich nicht nur einmal, und sie scheinen mir ein Zeugnis entweder eines fehlenden Selbstbewusstseins im Umgang mit der eigenen Weltanschauung oder eines verhohlenen, aber durchaus eklatanten Elitarismus zu sein. Ich kann nicht sagen, was es bei meinen Eltern war – ich tippe auf eine Mischung. Sie waren sicherlich nicht elitär in politischem Sinne oder in ihrer Lebensgestaltung und dem Umgang mit ihrer Umwelt, aber im Untergrund war doch immer das Bewusstsein dieses heiligen Grals der Anthroposophie vorhanden, den man besaß und den andere nicht besaßen und denen daher der Zugang zu einer höheren Wahrheit von vornherein verwehrt war. Und dabei war es gar nicht die Überzeugung, dass man seinen Mitmenschen in allen Dingen voraus war. Man gestand durchaus zu, dass es gebildete, talentierte und rechtschaffene Menschen auch außerhalb der Anthroposophie gab. Dass sie einem im Einzelnen durchaus auch überlegen waren. Aber sie hatten eines nicht: Rudolf Steiner – und mit ihm den prinzipiellen Zugang zu einer Wahrheit, die alles andere umfasst und übersteigt. Es war einzig dieses Wissen um den wahren Propheten, das einen über andere Menschen erhob und in dem sich das Elitäre erschöpfte. Und so drückte sich dieses Elitäre auch keineswegs in einem entsprechenden Verhalten oder in Arroganz und Überheblichkeit aus. Es war ein stillschweigender, womöglich einzig durch latentes Mitleid geprägter und daher nur schwer zu erkennender und sich selbst sicherlich nie wirklich eingestandener Elitarismus.

METHADONPROGRAMM FÜR ESOTERISCHE CHRISTEN

> «Die Menschen sehen nur das, was sie erwarten zu sehen.»
>
> Ralph Waldo Emerson

Rein äußerlich stehen sich die Anthroposophie und das Kirchenchristentum nicht in offener Feindschaft gegenüber, aber es gibt eine unüberwindbare Kluft zwischen beiden, die allerdings von den beiden Seiten auf ganz unterschiedliche Weise aufgetan wird. Die Kirchen erkennen die von der Anthroposophie in weiten Teilen eingeklagte Christlichkeit nicht an. Insbesondere Selbsterlösung, Pantheismus, Laizismus, übersinnliche Erfahrung, Reinkarnation und Karma sind Begriffe, an denen die Kirchen den häretischen Charakter der Anthroposophie festmachen. Von anthroposophischer Seite aus betrachtet man allerdings die christlichen Religionen als durchaus kompatibel mit der Anthroposophie, weil sich diese als eine überkonfessionelle, nicht-religiöse, wissenschaftliche Veranstaltung begreift, die einerseits die wahren Hintergründe des Christentums geisteswissenschaftlich aufdeckt und die andererseits gerade deswegen in der Lage ist, ein religiöses Bekenntnis als eine dieser Geist-Erkenntnis untergeordnete Form von Spiritualität zu integrieren. Allerdings glaubt man auch, ihre Defizite objektiv beurteilen zu können. Damit tritt die Anthroposophie jedoch in gewisser Weise in Konkurrenz mit dem absoluten Machtanspruch der Kirchen in Glaubensfragen, so dass sie Religion letztlich nur in einer privaten, freigeistigen Form tolerieren kann und jeder institutionalisierten Konfessionalität, wie sie die Kirchen repräsentieren, ablehnend gegenübersteht.

Doch trotz dieser relativen Unvereinbarkeit von Anthroposophie und Kirche an der Oberfläche ihrer theoretischen Überzeugungen zeigt sich in meiner Sozialisierung ein Beispiel für die gelungene Fortführung typisch kirchenchristlicher, in diesem Falle protestantisch-pietistischer Traditionen in einer neuen, anthroposophischen Deutung. Denn all die beschriebenen pietistischen Grundwerte, die in meinem Elternhaus und meiner sozialen Umgebung eine Rolle spielten, wurden von der Anthroposophie keineswegs aufgelöst, sondern die Anthroposophie verlieh ihnen in weiten Teilen nur einen neuen Sinnzusammenhang und eine neue Bildsprache. Auch wenn sich die Inhalte im Detail deutlich von kirchenchristlichem Gedankengut unterschieden, so wurden sie dennoch letztlich auf Basis der überkommenen, protestantisch-pietistischen Grundwerte und Grundannahmen über das Leben und die Welt interpretiert.

Der Protestantismus, und in ihm insbesondere Pietismus und Calvinismus, sind aber christliche Strömungen, die in dieser Hinsicht durchaus einen esoterischen Ansatz haben. Sie betrachten nicht die theologische Auslegung der Offenbarungen als einzigen Weg zur Wahrheit, sondern sprechen jedem Gläubigen das Recht und die Pflicht zu, in eigener Bibellektüre und religiöser Praxis seinen Weg zu Christus zu finden. Sie pflegen laizistische Traditionen und sehen Religiosität nicht primär in einer Befolgung formaler Regeln, sondern in einer inneren Haltung und Gesinnung. Und an dieser Stelle ist, trotz aller Differenzen, die allergrößte Nähe zur konkreten Geist-Erfahrung und dem individuellen Entwicklungsgedanken der Anthroposophie gegeben, auch wenn es streng theologisch unüberbrückbare Schranken gibt.

In dieser Nähe scheint mir der Grund zu liegen, warum es so leicht möglich war und ist, dass sich die protestantisch-pietistischen Überzeugungen in den anthroposophischen Ideen fortsetzen, dass sie nur als Medium dienten, um die überkommenen Überzeugungen in eine neue Form zu gießen, die moderner, aufgeklärter und individualistischer wirkt und die mit ihrem reichen Schatz an esoterischen und okkulten Mythen und Bildern ganz einfach auch faszinierend ist.

Und so erlebte ich eine Anthroposophie, die das Äußere einer liberalen, im kirchlichen Sinne ketzerischen, esoterisch-spirituellen, individualistischen Weltanschauungsbewegung hatte, die aber auf weite Strecken nur den traditionellen Werten übergestülpt und aus diesen heraus interpretiert wurde. Die radikal freiheitlichen, monistischen, antiklerikalen und antiethischen Ideen Steiners wurden nur solange konsequent verfolgt, als sie sich auf die Ornamentik und den individualistischen Anspruch der eigenen Weltanschauung beschränkten. Die radikalen Konsequenzen des Denkens Steiners, insbesondere wie es sich in deutlich philosophischeren Worten im Frühwerk darstellt, blieben stets hinter dem Schutzwall aus traditionellen Grundwerten verborgen.

Was dies im Einzelnen konkret bedeutet, will ich im Folgenden etwas ausführlicher darstellen, indem ich versuche zu beschreiben, wie das anthroposophische Weltbild aussah, in dem ich als Jugendlicher und junger Erwachsener gelebt habe. Was ich bis hierhin geschrieben habe, sollte einen Eindruck davon geben, in welches soziale und weltanschauliche Umfeld ich hinein geboren wurde. Dieses Umfeld erschöpfend zu beschreiben, ist selbstverständlich unmöglich. Ich habe diejenigen Aspekte hervorgehoben, die mir in diesem Zusammenhang wichtig erscheinen. Niemand wird mit dieser Auswahl in die Lage versetzt, sich ein adäquates Bild von meiner Sozialisierung insgesamt, von meinem Elternhaus, meiner Erziehung oder gar meinen persönlichen Eigenschaften zu machen. Zugleich will ich den Eindruck zerstreuen, meine Kindheit hätte in einer Art puritanischen Klosterzelle stattgefunden oder ich wäre in einem anthroposophischen Bootcamp aufgewachsen. Beides war natürlich nicht der Fall. Was sich hier in der isolierten und zugespitzten Schilderung bisweilen sehr extrem ausnimmt, war in Wahrheit eben nur ein Aspekt der Wirklichkeit, ein nicht unwichtiger zwar, aber nur einer von vielen. Und das Wertespektrum, in dem ich aufgewachsen bin, war abgesehen von der Anthroposophie auch durchaus keine Besonderheit meines Elternhauses, sondern Teil einer weit verbreiteten Normalität, die meine Sozialisierung bestimmt hat.

Viel spannender als die Frage, wie meine Sozialisierung war und ob sie gut oder schlecht sei, ist die Frage, was ich daraus gemacht habe. Und genau hier beginnt nun jener Teil, in dem ich nicht mehr mein Umfeld beschreibe, sondern mich selbst, wenn ich von Anthroposophie spreche. Denn irgendwann habe ich begonnen, mich nicht nur gezwungenermaßen mit Anthroposophie auseinanderzusetzen, weil sie in meinem Alltag gegenwärtig war, sondern ich fing an, Steiner zu lesen, mich mit dieser Weltanschauung zu befassen, mich zu orientieren und meinem jugendlichen Idealismus eine Richtung zu geben. Und so sehr man sagen kann, dass diese Richtung natürlich zu einem gewissen Teil von meiner Sozialisierung bestimmt war, so sehr kann man auch vermuten, dass die rückblickende Bewertung derselben von der Richtung und dem Weg bestimmt werden, den ich selbst eingeschlagen habe. Vielleicht ist das extrem dogmatische, christlich-pietistische anthroposophische Weltbild, das ich als junger Anthroposoph selbst pflegte, gar nicht die Folge einer besonders anthroposophisch-pietistischen Erziehung, sondern es ist die Ursache dafür, dass ich den pietistischen Einschlag meiner Sozialisierung im Rückblick so extrem und so negativ bewerte.

DER RITTER DER KOKOSNUSS

> «Fanatismus findet sich nur bei solchen, die einen inneren Zweifel zu übertönen suchen.»
>
> Carl Gustav Jung

Ich weiß ehrlich gesagt nicht mehr, welches Buch ich von Steiner zuerst gelesen habe. Ich erinnere mich, dass ich viele Grundgedanken der Anthroposophie zunächst durch die Erzählungen meiner Mutter erfahren habe, insbesondere auch in mitgehörten Gesprächen. Ich erinnere mich aber, dass ich erst relativ spät, nach der Lektüre bereits einer ganzen Reihe von esoterischen Vorträgen, die «Philosophie der Freiheit» gelesen habe. Ich weiß nicht mehr, wie ich sie aufgenommen habe, weil ich sie später so oft gelesen habe, dass die Erinnerungen sich ineinander auflösen. Ich weiß aber, dass ich nicht besonders begeistert von der Lektüre war. Die Faszination, die ich von diesem sagenumwobenen Buch von Rudolf Steiner erwartet habe, stellte sich jedenfalls nicht ein. Ich vermute heute, dass ich die okkult-esoterische Aura vermisste, welche die Inhalte jener Anthroposophie umgaben, die ich durch meine Eltern und die Waldorfschule kannte, und dass ich irritiert war von der sachlichen und rein begrifflichen Darstellung, die es heute wiederum für mich zu einem der bekömmlichsten Werke Steiners macht.

In meiner Erinnerung ist das Thema, das mich in der Anthroposophie zunächst am meisten interessierte, alles, was mit dem Tod, dem Leben nach dem Tod und mit Reinkarnation zu tun hatte. Ich musste ja als Jugendlicher irgendwann lernen, dass es Menschen gab, die nicht an die Wiedergeburt glaubten! Wir hatten im christengemeinschaftlichen Religionsunterricht, den ich in der 10. Klasse besuchte, das Thema «Leben nach dem Tod» anhand des einschlägigen Buches von Raymond A. Moody behandelt. Dieses Buch faszinierte mich insofern, als mir hier von nichtanthroposophischer Seite aus ein Beweis erbracht schien für die Richtigkeit der Überzeugung, dass es ein Leben nach dem Tod gebe, dass der physischen Existenz eine geistige folgen würde. Diese geistige Existenz, die auch schon vor dem Tod vorhanden, bloß versteckt war, dennoch aber ihre Wirkungen hatte, schien mir dasjenige zu sein, worum es in der Anthroposophie ging. Ich hielt diese geistige Welt für die Lösung des Rätsels des Lebens und Rudolf Steiner für ihren Propheten. Und so begann ich mich mit den theosophisch-anthroposophischen Schriften Steiners auseinanderzusetzen, um immer mehr über diese Welt zu erfahren und wie sie die sinnlich wahrnehmbare Welt beeinflusste. Insbesondere die «Geheimwissenschaft im Umriss» hinterließ eine nachhaltige Faszination und machte mich mit dem Entwicklungsgedanken von Steiner in aller Anschaulichkeit vertraut. Begleitet wurde diese Lektüre immer durch die Anthroposophie-Rezeption und den Austausch mit meiner Mutter, die ein besonderes Interesse für christologische und kunstgeschichtliche Themen hatte.

In meiner anthroposophischen Überzeugung formte sich die Welt zu einer kompakten, geschlossenen Veranstaltung, deren Herkunft in einem fraktalen rhythmischen Prozess lag: von der reinen Geistigkeit zu einer immer tieferen Verkörperung im Physisch-Sinnlichen, mit dem Ziel, in verwandelter Weise wieder in diese Geistigkeit aufzusteigen. Der Protagonist dieses Wiederaufsteigens war der Mensch. Und der Führer durch die Dunkelheit der Geistferne war kein Geringer als

Christus, der Sohn Gottes und als solcher höchstes geistiges Wesen, das mit seinem Durchgang durch den Tod nicht nur prototypisch das Los des Menschen auf sich genommen, sondern sich geistig-real in der Erde und damit in der Physis entäußert hat. Dieses Ereignis als größtes denkbares Mysterium fand vor 2000 Jahren in Palästina real historisch statt. Meine Aufgabe als Mensch war es also, jene geistige Welt wieder zu entdecken, zu welcher wieder aufzusteigen uns Christus die Möglichkeit geschaffen hatte. In dieser Wiederverbindung mit der geistigen Welt begriff ich den Inhalt des Wortes «Religion» in einem tatsächlich konfessionsfreien, überreligiösen Sinne – mit der Einschränkung, dass Christus und das «Mysterium von Golgatha» in seiner physisch-geistigen und historischen Realität nicht zur Diskussion standen. Ob einer daran glaubte oder nicht, war für die Mission des Christusereignisses nicht von Bedeutung. Es vollzog sich unabhängig von Religion. Ich machte so mit der Anthroposophie letztlich alle Menschen zu Christen, nur dass die einen davon wussten, die anderen aber nicht. Der diskriminierende Charakter eines solchen Begriffs des Christentums fiel mir nicht auf. Anthroposophie war für mich auch keine Religion, sondern Wissenschaft; eine Wissenschaft mit anderen Mitteln, aber eine Wissenschaft. Ich *glaubte* nicht an Reinkarnation, geistige Welt, Christus und die Mission des Menschen, sondern ich *wusste,* dass es die Wahrheit ist und dass letztlich jeder Religion, soweit sie authentisch ist, diese Wahrheit irgendwie zugrunde lag. Und ich erkannte nicht die Überheblichkeit, die in meinem Glauben lag, über ein Erklärungssystem zu verfügen, das anderen Weltanschauungen übergeordnet war und diese in ihrer Beschränktheit erklären konnte. Ich glaubte, alle Weltanschauungen und Religionen in die Anthroposophie integrieren zu können und sah darin das größte Maß an Toleranz und Verständigung, das überhaupt möglich ist.

Rudolf Steiner und die Anthroposophie waren in dieser Interpretation das historische Ereignis, das die Auflösung des Weltenrätsels erstmalig im klaren Licht des Denkens präsentierte. In den Naturreligionen und frühen Kulturen sah ich mit meiner Anthroposophie durchaus den Ausdruck eines unmittelbaren Zugangs zur geistigen Wahrheit, allerdings in einer wenig bewussten und in mythischen Bildern verschlüsselten Form. Die modernen Religionssysteme galten mir ganz ähnlich als mehr oder weniger unreflektierte mythische und mystische Systeme, die ihren Mitgliedern den Grad an Bewusstheit nicht zumuten wollten. Selbst in der modernen Wissenschaft sah ich letztlich diese Wahrheit, allerdings verschüttet unter einem auf bloß sinnliche Daten reduzierten Weltzugang, in dem die geistige Dimension der Wirklichkeit mutwillig ausgeblendet wurde. Rudolf Steiner, so meine Überzeugung, war der Erste, der die Wahrheit über die geistige Wirklichkeit frei von mythischer Verschlüsselung und in einer Form präsentierte, die den Grundanforderungen der Wissenschaft genügte: Systematik, Objektivität, Empirik, Reproduzierbarkeit. Empirik bedeutet in diesem Zusammenhang allerdings die Vorstellung, dass auf jene geistige Dimension der Wirklichkeit durch eine besondere Fähigkeit zugegriffen werden konnte, in einer zur sinnlichen Wahrnehmung analogen Form übersinnlicher Wahrnehmung. In dieser Weise waren für mich zumindest die entsprechenden Darstellungen der sogenannten «Schulungspfade» von Steiner zu verstehen: als Erwerb eines Backstage-Passes für die Welt und das Sein. Ich verstand die Anthroposophie als Welterklärung, die ein modernes wissenschaftliches Bewusstsein mit höchsten esoterisch-okkulten Inhalten verband und so zum ersten Mal einen wirklichen Zugang zur Wahrheit schuf. Die Religionen hatten den richtigen Inhalt und die richtige Absicht, die Wissenschaft verfügte über die richtige Methode und Bewusstseinsklarheit. Und die Anthroposophie – so meine Überzeugung – besaß beides. Dass Rudolf Steiner die Fähigkeit hatte, diese Leistung zu vollbringen, insbesondere den «empirischen» Teil, schien mir ausreichender Beweis für seine höchste Entwicklungsstufe als Mensch, die allenfalls von jenem hohen Menschenwesen übertroffen wurde, das Steiner mit dem (vorhistorischen) Buddha in Verbindung brachte und als höchste Stufe menschlicher Entwicklung bezeichnete. Den Begriff Bodhisattwa, den Steiner in vielen Texten als Bezeichnung für jene Stufe vor der endgültigen Erleuchtung des Buddha nahm, hat er zwar nirgends explizit auf sich angewendet, jedoch schien mir dies aus all dem gesagten evident zu sein.

Ich erkannte in der Tat damals nicht, was für ein zirkuläres Begründungsmuster dieser Auffassung zugrunde lag. Die Größe und Bedeutung Steiners war nur innerhalb der Annahmen gegeben, die seinem Weltbild zugrunde lagen. Und die Wahrheit dieses Weltbildes fußte ausschließlich auf Steiners Offenbarung, ergänzt allenfalls durch individuelle Plausibilitätsprüfungen, die sich auf Erfahrung stützten, aber nicht selten dem Muster selbsterfüllender Prophezeiungen folgten. Ich war damals auch nicht wirklich informiert über andere spirituelle Strömungen der Gegenwart und Vergangenheit oder ordnete sie, wenn nicht als degenerierte Abarten wahrer Spiritualität, unwillkürlich jenen voranthroposophischen Mythologien zu, denen die Bewusstseinsklarheit der Anthroposophie fehlte. Diese Bewusstseinsklarheit der

Anthroposophie sah ich allerdings damals insbesondere in den äußerst anschaulichen, vergegenständlichten und mannigfaltigen Darstellungen der geistigen Welt, wie sie in der Anthroposophie gepflegt wurden. Denn die meisten spirituellen Bewegungen wiesen bei allen Überschneidungen, was die spirituelle Bewusstseinsentwicklung betrifft, nicht annähernd so komplexe und differenziert ausgearbeitete Modelle einer übersinnlichen Realität auf wie die Anthroposophie. Ich sah in dieser Konkretion und Differenzierung letztlich demselben Anspruch Genüge getan, den die Naturwissenschaften in ihrem Empirie-Bezug erfüllt sehen: So wie Wissenschaft ihre Objektivität aus der Beschäftigung mit konkreten sinnlich-empirischen Inhalten zieht, so schien mir die Anthroposophie ihre Rechtfertigung aus der ganz analogen Verfügung über konkrete geistige, übersinnlich wahrnehmbare Inhalte zu ziehen. Weil anderen Formen von Spiritualität diese Konkretion fehlte, schienen sie mir defizitär zu sein. Mein Begriff der «geistigen Welt» war von einer naiven Sinnlichkeitsanalogie geprägt, die positivistischer nicht hätte sein können. Die Idee einer Mystik und Spiritualität, die nicht aus Spekulation, sondern im Erleben des eigenen Daseins das ebenso naive und positivistische Wirklichkeitsverständnis der Sinnlichkeit hinterfragt, fehlte mir damals völlig.

Die Anthroposophie, wie ich sie verstand, hatte ein seltsam zwiespältiges Verhältnis zu demjenigen, was man ganz allgemein als das Absolute bezeichnen kann, auf dessen Spuren letztlich jede spirituelle Strömung ist. Einerseits sah ich in dem, was ich unter geistiger Welt begriff, durchaus die Repräsentation dieses Absoluten. Andererseits hatte ich eine seltsame Furcht vor diesem Absoluten, weil ich es als Gegensatz zur Sinnlichkeit verstand und ich mir die Vorstellung bildete, dass in diesem Absoluten alle Mannigfaltigkeit in schieres homogenes Einssein zusammenfiel. Diesen absoluten Geist stellte ich mir vor wie eine unstrukturierte Lichtflut, ohne Gegenstände und Einzelheiten, ohne Komplexität und Differenzen. So sehr ich mich einerseits nach dieser geistigen Welt sehnte und so sehr ich sie als Sinn und Ziel des Lebens betrachtete, so sehr erschien sie mir dann, wenn ich sie mir in dieser Absolutheit vorstellte, auch erschreckend langweilig: Was sollte man dort am Ende seiner Inkarnationsfolge, wenn man das sinnliche Menschsein karmisch wird überwunden haben, wohl den ganzen Tag lang tun, wenn nichts als geistige Klarheit und All-Liebe die Wirklichkeit ausmachten? Wäre das im Vergleich zum Leben wirklich ein anzustrebender Zustand? Mir erschien diese Frage fast frivol, aber ich musste sie mir dennoch stellen.

Doch die konkrete, quasi-sinnliche, differenzierte und bildreiche Ausgestaltung der geistigen Welt, wie sie in den theosophischen Vorträgen Steiners dargestellt ist, kompensierte diese Befürchtungen. Sie verhieß mir eine geistige Welt, die frei von der als defizitär und dekadent betrachteten sinnlichen Welt war, die aber dennoch den Reiz einer quasi-sinnlichen Mannigfaltigkeit bot. Denn wo die ganze Veranstaltung so sehr auf die Überwindung der Sinnlichkeit zugunsten des Geistlebens ausgerichtet war, da musste ich mir Erleuchtung und Aufgehen im Absoluten unbedingt als eine Veranstaltung jenseits des Sinnlichen vorstellen. Und in meinem extrem intellektuellen und abstrakten Zugang zu diesen Fragen musste ich dieses Einssein als Langeweile betrachten, weil ich nur den Begriff dachte, nicht aber die Einheit erlebte, schon gar nicht in der Sinnlichkeit. Die anthroposophische Mannigfaltigkeit der geistigen Welt war so gesehen nur ein Ersatz für die abgelehnte sinnliche, was, wie bereits dargestellt, ein zutiefst christlich-pietistischer Zug war. Anderen spirituellen Strömungen, insbesondere jenen fernöstlichen, die nach anthroposophischer Auffassung für das mitteleuropäische Bewusstsein nicht geeignet waren, fehlt dieser Sinnlichkeitsdefätismus. Sie können das Absolute im Konkreten finden. Sie können das geistige All-Eine erfassen, ohne das sinnlich-mannigfaltige Konkrete dafür aufgeben zu müssen. Auch dies ist eine Erkenntnis, zu der ich erst sehr viel später kommen sollte.

Zunächst schwelgte ich darin, immer mehr über diese geistige Welt, dieses Sinnlichkeits-Substitut für esoterische Pietisten, zu erfahren, immer tiefer in die konkret-anschaulichen Wahrheiten einzutauchen, die mir in den Schilderungen Rudolf Steiners zu liegen schienen, und immer mehr das Gefühl zu haben, allgemeine Erklärungen für die Rätsel der Sinnlichkeit in einer geistigen Welt zu finden. Und mich als Teil der menschlichen Avantgarde zu begreifen, als ein Ritter jenes kleinen und erlauchten Kreises von Eingeweihten, die durch Rudolf Steiner allein Zugang zur wahren Wirklichkeit hatten. Sieht man von den konkreten Inhalten dieser Weltanschauung ab, die nicht von vornherein falsch sein müssen, nur weil sie nicht wissenschaftlich nachvollziehbar sind, so bleibt ein Weltbild, dessen Grundstruktur in höchstem Maße hermetisch, dogmatisch und irrational ist.

OFFENBARUNGSWISSENSCHAFT

«Nicht das, was der Heilige ist, sondern das, was er in den Augen der Nicht-Heiligen bedeutet, gibt ihm seinen welthistorischen Wert.»

Friedrich Nietzsche

Ich habe eingangs schon auf die besondere Aura aufmerksam gemacht, die Rudolf Steiner in meinem Elternhaus und meiner anthroposophischen Umwelt hatte. Und je mehr ich mich selbst mit Steiner und seinen Darstellungen beschäftigte, umso stärker trat das Bild des Propheten und Eingeweihten für mich hervor. Denn Steiner war für dasjenige, was ich in der Anthroposophie sah, der primäre und unverzichtbare Quell und Referenzpunkt. Was er über die Entwicklung der Welt und des Menschen sagte, wie er die «geistige Welt» beschrieb, war nicht nur konkret, anschaulich und systematisch umfassend, sondern inhaltlich so weit jenseits jeglicher Alltagserfahrung, dass es zunächst keine Möglichkeit gab, diese Dinge anders als durch seine Schilderungen zu erfahren oder zu überprüfen. Als Jugendlicher fehlte mir auch die einschlägige Bildung und nebenbei auch das Interesse für all die historischen und literarischen Quellen, aus denen Steiner durchaus schöpfte, insbesondere aus der theosophischen Bewegung, in deren Rahmen er einen Großteil seiner Vorträge gehalten hatte. Er brachte diese Dinge oft in einen neuen Zusammenhang, interpretierte sie um und zog teilweise sehr originelle praktische Konsequenzen daraus. Ich werde darauf am Ende noch einmal zurückkommen. Aus der reinen Lektüre seiner Werke stellte sich dies für mich aber zunächst so dar, als handle es sich im Wesentlichen um Inhalte und

Anschauungen, die originär von Steiner stammten und die dieser in unermüdlicher geistiger Forschung mit den ihm eigenen übersinnlichen Fähigkeiten gewonnen hatte. Ich weiß gar nicht, wie ich mir das vorstellte: Lag er mit geschlossenen Augen im Bett, während sein Inneres mit der geistigen Botanisiertrommel durch das Devachan stapfte?

Wenn Steiner beispielsweise erzählt, wie sich die Erde in mehreren Stufen aus der reinen Geistigkeit heraus entwickelt hat, wie sie zunächst nichts als ein Wärmekörper war und sich erst nach und nach verfestigt hat; wenn er beispielsweise das menschliche Wesen in physischen Leib, Ätherleib, Astralleib und Ich gliedert; wenn er die Hierarchien der Engel schildert und ihre Funktionen und Aufgaben für die Weltentwicklung; wenn er über Christus spricht, wie dieser sich durch all die höheren Schichten des Seins in die Physis hinein inkarnierte; wenn er schildert, wie die Seele nach dem Tode sich in das Devachan erhebt, wo sie den Begriffen in Form realer Wesenheiten begegnen soll; wenn er über Luzifer und Ahriman redet, wie sie hinter allen Dingen als geistige Verursacher von Ungleichgewichten aller Art wirkten; wenn Steiner all diese anschaulichen, bildhaft konkreten Darstellungen ausbreitete, so sah ich darin die Schilderungen von so etwas wie Visionen. Von Visionen allerdings, die nicht in chaotisch-wahnhafter Form sich einstellten, sondern die gezielt und systematisch durchgeführt wurden. Dass Steiner sich dabei auch auf bestehende historische und mythologische Bilder bezog und dass er die Terminologie insbesondere der Theosophie verwendete, war mir durchaus klar. Ich ging allerdings davon aus, dass er die Inhalte weitgehend originär durch seine geistige Forschung schöpfte und erst rückwirkend auf jene vorhandenen Bilder und Begriffe bezog, nicht zuletzt um diese zu erklären, zu vervollständigen und zu bestätigen oder zu korrigieren.

Daran knüpfte sich nun ein Offenbarungsglaube, der sich ganz allein auf Steiner konzentrierte und von dem dieses Verständnis von Anthroposophie voll und ganz abhängig war. Steiner war für mich nicht anzweifelbar, denn damit wäre meine hermetisch auf sich selbst beruhende Weltdeutung implodiert. Dieser Offenbarungsglaube war aber keineswegs in jener Weise absolut, wie dies eine rationalistische Kritik an der Anthroposophie gerne darstellt: Ich hielt Steiner keineswegs für unfehlbar, ich unterstellte keineswegs, dass seine Ausführungen eine absolute und unantastbare Wahrheit darstellten (dem widersprach er auch selbst immer wieder) und ich richtete keineswegs mein Leben sklavisch an seinen Ausführungen aus, als handelte es sich um moralische Alltagsanweisungen. Dazu sind seine Ausführungen nebenbei auch viel zu abstrakt, komplex und widersprüchlich. Wovon ich allerdings überzeugt war, das war die sogenannte Intuitionshypothese. Denn mit ihr stand und fiel das ganze anthroposophische Gebäude, das ich mir aufgebaut hatte. Mit Intuitionshypothese ist die Annahme gemeint, dass Steiners Erkenntnisse aus einer dem normalen Wahrnehmen und Denken übergeordneten Erfahrungsquelle stammten und dass diese Quelle sich unmittelbar aus Bereichen der Wirklichkeit speiste, die der üblichen Wahrnehmung und Erkenntnis nur mittelbar erreichbar waren, so zum Beispiel die vorhistorischen Entwicklungsphasen der Erde, die in der sogenannten Akasha-Chronik wie in einem übersubjektiven, übersinnlichen Gedächtnis verfügbar sein sollten.

Das Offenbarungsdogma lag also nicht in einem unbedingten Glauben und einer jede Selbständigkeit negierenden

Abhängigkeit von der Lehre Steiners. Nicht zuletzt enthielt diese Lehre ja selber einen ganz zentralen Aufruf zu Selbständigkeit, Individualität und rationaler Prüfung aller Erkenntnisse, auch wenn in vielen Bereichen eine eher gefühlsbetonte Verbindung mit den okkulten Bildern dominierte. Das Offenbarungsdogma lag in der Annahme, dass es jenen höheren Zugang und jene geistige Welt gibt und dass Steiner zumindest prinzipiell und im Wesentlichen als Einziger einen Zugang dazu hatte. Die Wirklichkeitsvorstellung, die sich dadurch ergibt, sieht in der Sinnlichkeit nur ein Abbild, nur eine Wirkung jener geistigen, aber verborgenen Wirklichkeit. Und weil sie verborgen und nur mittelbar erreichbar ist, war Steiner als Vermittler unverzichtbar für diese Wirklichkeit.

Zugleich aber erhielt seine Rolle ihre Bedeutung nur durch die Annahme dieser Wirklichkeitsvorstellung. So ergab sich ein hermetisch geschlossenes Weltbild, das zwar in sich nicht unbedingt dogmatisch war, sondern einen sehr dezidierten Freiheitsanspruch vertrat, das aber auf Annahmen basierte, die weder intuitiv noch durch Erfahrung ohne weiteres nachvollziehbar waren, sondern die sich zunächst nur innerhalb des Weltbildes selbst begründen ließen und damit nach außen absolut dogmatisch und nicht zuletzt völlig phantastisch erscheinen. Das Weltbild enthielt durchaus Freiheit, Individualismus, rationale Prüfung, Kontroverse, Pluralismus. Es sah sich selbst in der Tradition der Aufklärung. Doch das Fundament und die Quelle dieses Weltbildes standen dabei nicht zur Disposition. Dass Steiner – Irrtümer und Unvollkommenheit eingerechnet – Zugang zu einer höheren Wahrheit hatte, die unbedingte Objektivität beanspruchen konnte, stand außer Frage. Zumindest, dass es eine solche höhere Wahrheit gab und dass, wenn überhaupt jemand, Steiner ihr auf den

Fersen war, das konnte ich nicht anzweifeln. Und so war diese Anthroposophie für mich kein absolutes Glaubensdogma, dem ich meinen Verstand geopfert hatte, aber es war ein Offenbarungsglaube, weil ich einer nicht objektivierten, irrationalen und von einem Propheten abhängigen Erkenntnis-Quelle ein Maß an Objektivität zuschrieb, das dasjenige von objektivierbaren Quellen wie etwa der Wissenschaft im Zweifelsfalle überstieg.

Daran zu zweifeln wäre ein Schritt gewesen, den ich damals zu machen unter keinen Umständen in der Lage war. Die Anthroposophie war schließlich nicht irgendeine Idee, die mir auf dem Weg meiner Weltanschauungsbildung begegnete, sondern sie war der Urgrund meines Weltbildes, der Mörtel, der alles zusammenhielt und in eine Einheit brachte. Daran zu zweifeln hätte den völligen Verlust meiner Realität bedeutet. Man darf allerdings auch nicht glauben, dass dieser Umstand etwas Besonderes wäre. Man muss nur als «normaler» Mensch des 20. Jahrhunderts einmal versuchen, an der Physik zu zweifeln, an der Wirklichkeit der sinnlichen Realität ernsthaft zu zweifeln, an Empirik, an Raum und Zeit oder der Kausalität, und man wird feststellen, wie es mir damals ging. Die eigenen Objektivitätskriterien anzutasten ist in jedem Falle ein existenzielles Spiel mit dem Feuer. Wer ein «normales» Weltbild hat, das heißt ein solches, das als gesellschaftlich etablierte Mehrheitsansicht gilt, der hält seine Prinzipien sogar viel weniger für antastbar, er kommt viel weniger auf die Idee, an ihnen zu zweifeln als jemand, der ein so absonderliches Minderheitenweltbild hat wie die Anthroposophie. Das gilt auch trotz aller Dogmatik, mit dem ich an diesem Weltbild festhielt: Dass es hinterfragbar war, wurde mir auf Schritt und Tritt erlebbar. Nicht zuletzt musste ich einige Energie auf die Verteidigung meines Weltbildes vor den Anwürfen von außen, aber eben auch von innen aufwenden.

Der Unterschied zu religiösen Offenbarungen liegt darin, dass meine Anthroposophie nicht, wie beispielsweise die christlichen Kirchen, die naturwissenschaftliche Sicht einfach integrierte und als vom Glauben unabhängigen Bereich des Wissens deklarierte und tolerierte, sondern dass meine Anthroposophie sich nicht für einen Glauben hielt, der sich auf Ethik, Moral, Metaphysik, religiösen Kult und Seelsorge beschränkte, sondern durchaus für Wissenschaft. Wenngleich sie nicht beanspruchte, die Naturwissenschaften zu ersetzen, so doch, sie zu ergänzen und in spezifischen Bereichen gleichwertige oder gar höherwertige Resultate zu liefern. Moralische Überzeugungen und subjektive Transzendenzerfahrungen kommen einer nicht völlig dogmatischen Naturwissenschaft allerdings nicht unbedingt ins Gehege. Wenn aber ein Offenbarungsglaube sich beispielsweise an die Entwicklung von medizinischen Therapien und Medikamenten macht, dann entsteht ein enormer Rechtfertigungsdruck gegenüber der Wissenschaft, der nun bei meiner Anthroposophie allein auf den Schultern Rudolf Steiners und der Authentizität seiner Schauungen und Darstellungen zu ruhen schien. Wenn also andere Menschen genauso unhinterfragt ihr physikalisch-naturwissenschaftliches Weltbild mit sich herumtrugen wie ich die Anthroposophie, so war dies eben dennoch nicht dasselbe. Für mein anthroposophisches Weltbild bestand zu Recht ein weit größerer Rechtfertigungsbedarf. Und soweit diese Rechtfertigung nicht erbracht werden konnte oder soweit sie nur unter Voraussetzung der Richtigkeit der anthroposophischen Grundüberzeugungen erbracht werden konnte, war meine Anthroposophie eine hermetisch-dogmatische Überzeugung.

NEUROTISCHE ÄSTHETIK-BIGOTTERIE

«Nichts ist sexier als eine entgleiste Katholikin.»
Woody Allen

Meinen Zivildienst leistete ich in einem anthroposophischen Camphill-Heim. Die von Karl König gegründete Camphill-Bewegung verband die Pflege von geistig behinderten Menschen mit dem Ideal einer sozialen Lebensgemeinschaft, in der Patienten und Betreuer gemeinsam wohnen und leben und in der die Bemühung der Betreuer um die Gemeinschaft ein Umfeld schaffen soll, in dem diese besonderen Menschen nicht nur eine äußerliche Pflege erfahren, sondern ihnen auch ein seelischer Raum geschaffen wird, der heilend und pflegend auf sie wirkt.

Was die Arbeit mit den jugendlichen Patienten betrifft, habe ich die besten Erinnerungen an diese Zeit. Die Erfahrungen, die ich mit diesen Menschen machen durfte, was ich dabei über mich selbst gelernt habe, die ganz besonderen Beziehungen, die ich dort geknüpft habe, zählen zu den wertvollsten Erinnerungen. Und das auf Gemeinschaft basierende Konzept, bei dem keine Pflege im Schichtdienst, sondern ein gemeinsames Leben mit konstanten Bindungen im Vordergrund stand, war zwar extrem und bisweilen anstrengend, aber ich erlebte die intensive Gemeinschaft vorwiegend als eine angenehme Lebensweise. Das gemeinsame Essen, Ausflüge und Unternehmungen mit den Betreuten, das Leben wie in einer Großfamilie faszinierten mich. Die vielen Menschen, mit denen man das Leben teilen konnte, und die Bemühung um die Betreuten machten den Alltag stets zu einem Ereignis.

Allerdings stand dieses lustvolle gemeinsame Leben auch immer ideologisch unter der Prämisse, dass es im Dienste der Pflege und Erziehung der uns anvertrauten Menschen stand, so dass das soziale Element nicht primär unserem Amüsement dienen sollte, sondern als Instrument gepflegt wurde. Und dieses Instrument, so glaubten wir, würde umso leistungsfähiger, je weiter wir in unserer moralischen und sozialen Selbsterziehung fortschritten und je stärker wir uns als Individuen in der Gemeinschaft dienend engagierten.

Nun ist darin viel Wahrheit. Doch das Pathos und der moralische Impetus, mit denen ich und, wie ich meine, auch viele meiner Kolleginnen und Kollegen diesen Aufruf ernst nahmen und zum eigentlichen Anliegen der Veranstaltung machten, grenzte bisweilen an autogenen Psychoterror. Vom alleralltäglichsten Handgriff, vom Geschirrspülen und Kloputzen über die Gestaltung des Tagesablaufes bis hin zu besinnlichen Feiern und Veranstaltungen wurde alles zu einer Demonstration des sozialen Engagements und der eigenen geistig-evolutionären Reife. Die Idee, dass der Erzieher auf seinen Zögling durch Vorbild im Handeln und authentische Autorität seiner Persönlichkeit wirke, verkehrte sich in einen Wettbewerb, bei dem oft die schiere Diszipliniertheit der Zöglinge auf die Reife der höheren Wesensglieder des Erziehers schließen lassen sollte. Wir setzten uns einem moralischen Druck aus, der dazu führte, dass alles und jedes nach moralischen und sozialen Gesichtspunkten beurteilt wurde. Die fachlich bis zu einem gewissen Grade berechtigte Vorsicht, mit der die Gestaltung eines jeden Bereichs des Alltags auf seine Adäquatheit im Hinblick auf die Schutzbefohlenen geprüft wurde, entwickelte sich zu einem Selbstläufer, bei dem jede noch so unwichtige Kleinigkeit, aber insbesondere auch das Verhalten und die Eigenschaften der Menschen untereinander auf ihre moralische und soziale Übereinstimmung mit dem Leitbild geprüft wurde und sich so ein ganzer Katechismus an Bewertungen herausbildete, der stillschweigend als verbindlich kommuniziert wurde.

In meinem Falle stieß diese Moralisierung des Alltags nicht nur auf die latent pietistische Sozialisierung, sondern auch auf mein sich entwickelndes anthroposophisches Weltbild, das diese Moral in einen Kontext stellte, der schwerwiegender und bedeutungsschwangerer nicht hätte sein können. Wer in dem Bewusstsein lebt, Zugang zu den Planungsunterlagen des Weltengeistes zu haben und die Entwicklung der Welt vom alten Saturn an bis hin zum Vulkan zu überblicken, wer den Schlüssel zur Enträtselung des Sinns des Lebens in seinen Händen glaubt und sich für nichts weniger als Teil der Mission zur Rettung der geistigen Existenz des Kosmos und der Menschheit hält, für den ist eine solche Moralisierung des Alltages von vornherein mit einer unanfechtbaren Ernsthaftigkeit belegt. Und dieser Ernst und die Unbeirrbarkeit im Umgang mit moralischen Bewertungen der kleinsten und größten Dinge des Lebens erlebte ich in vielen anthroposophischen Kontexten als einen alles durchziehenden Strom.

Bei aller Ausgelassenheit, welche die Jugend glücklicherweise von Natur aus mit sich bringt, betrieb ich meine Anthroposophie in einer Beharrlichkeit, die etwas Wahnhaftes hatte. Die holzschnittartige Brachialität, mit der ich die Welt in Gut und Böse einteilte – was sich in weiten Teilen mit «anthroposophisch» und «nichtanthroposophisch» deckte –, und das missionarische Pathos, mit dem ich diese Wertungen ernst nahm, waren für sich schon absurd genug. Doch hinzu kam, dass diesem Ernst eine Realität gegenüber stand, die ihm nicht einmal ansatzweise gerecht wurde. Nicht nur, dass die hohen moralischen und sozialen Ansprüche, die beispielsweise in dem Camphill-Heim Teil des Selbstverständnisses waren, in der Realität doch meist scheiterten und der Versuch, dies vor sich selbst und vor anderen zu verschleiern, zu den abartigsten Verkrampfungen führte. Ich erlebte vielmehr, dass die moralischen Prinzipien, zu denen ich mich selbst verpflichtete und die im Grunde genommen eine anthroposophische Fortsetzung der christlich-pietistischen Sinnlichkeitsverachtung waren, in Konflikt mit den selbstverständlichsten Vorlieben und Wünschen gerieten. Im Vordergrund stand immer die geistige Mission, der ich mich untergeordnet fühlte, und so lag der Konflikt weniger in konkreten moralischen Verboten als vielmehr darin, dass meine abstrakte Weltanschauung, die in weiten Teilen ein allgemeines Fremderzeugnis war, für mich zur Richtlinie dessen wurde, woran sich meine Wünsche, mein Sehnen und Streben zu halten hätten, während das, was ich als ganz individuelle Neigung, Lust und Sehnsucht empfand, von mir als niedere Triebe und Teil einer degenerierten Sinnlichkeit verdrängt wurde. Die von mir als Geistigkeit gedeutete begriffliche Abstraktheit meiner moralischen Überzeugungen war mir der Garant dafür, dass es sich um geistgemäße, der anthroposophischen Mission angemessene Ziele handelte, während mir die sinnliche Unmittelbarkeit meiner Lüste und Sehnsüchte, Vorlieben und Schwächen, all dessen, wonach mein Herz strebte und was mich faszinierte, als Beweis ihrer Ungeistigkeit galt. Ich hielt sie für Versuchungen und

Ablenkungen von der großen Mission, so dass ich sie bis zur Unterdrückung ignorierte.

Die Fülle des Steiner'schen Werkes, seine thematische Vielfalt, die teilweise hochesoterische Behandlung alleralltäglichster Lebensfragen, macht auf der einen Seite eine der größten Stärken dieses Werkes aus und schlägt sich positiv in den praktischen Anwendungen der Anthroposophie nieder, die bis heute in vielfältigen Lebensbereichen nachhaltig erfolgreich sind. Sie birgt aber auf ihrer Schattenseite die Gefahr, zu einem Rezeptbuch zu werden, zu einem Katechismus des guten Lebens, in dem jede Entscheidung und jedes Urteil an einem der tausenden Vorträgen abgeprüft wird. Und hier mischten sich wieder aufs Beste die anthroposophischen Inhalte mit der protestantisch-pietistischen Moral, die auf eine klare Trennung zwischen Gut und Böse, moralisch und unmoralisch, gottgefällig und verwerflich baut. Ich erlebte dies als einen fast neurotischen Zwang, alle Dinge des Lebens, jeden Gegenstand und jedes Ereignis, jeden Menschen und jedes Verhalten unbedingt und unverzüglich moralisch und ästhetisch zu bewerten. Wobei hinter der Ästhetik letztlich auch kein Geschmacksurteil, sondern ein moralisches Urteil steckte. Und gerade in ästhetischen Fragen nimmt sich diese Wertungsneurose besonders borniert aus.

Es ist natürlich ganz normal, dass sich gemeinsame anthroposophische Traditionen gebildet haben, dass sich eine anthroposophische Ästhetik etabliert hat, dass soziale Gruppierungen immer auch gemeinsame Wertekataloge pflegen, dass Anthroposophie also den ganz normalen Prozessen von Kulturen unterliegt. Es ist das normalste der Welt, dass Menschen ästhetische Vorlieben haben und moralisch urteilen. Problematisch war auch hier nur wieder der Glaube, einen übergeordneten Maßstab zu besitzen, der nicht nur über Zweifel, sondern insbesondere auch über subjektive Geschmacksurteile erhaben ist, insbesondere über das eigene. Denn hinter den notorisch gefällten Urteilen lag nicht das, was man gemeinhin als Meinung bezeichnet und sich immer seiner Subjektivität und Revidierbarkeit bewusst ist, sondern es stand dahinter ein äußerst hoher moralischer Anspruch: einen (im anthroposophischen Sinne) hässlichen Gegenstand – Filzstifte, Popmusik, Comics, Ausmalbilder, moderne Kunst, rechte Winkel, grelle Farben, Motiv-T-Shirts und vieles andere – lehnte ich nicht infolge eines individuellen Geschmacksurteils (oder eines rational nachvollziehbaren, pragmatischen Grundes) ab, sondern es galt mir als Ausdruck einer den Menschen deformierenden Kulturlosigkeit und Amoral, die dem anthroposophischen Ziel eines geistgemäßen Lebens entgegenstand. In Wirklichkeit verbarg sich dahinter aber eine völlige Unfähigkeit, sich bei geeigneter Gelegenheit über die Dinge zu stellen und die Relativität solcher Urteile und des Maßstabs, anhand dessen sie gefällt werden, zu erkennen und auf eine moralische Bewertung zu verzichten. Oder einfach nur das Anderssein zu tolerieren oder womöglich als willkommenen Ausdruck des Individualismus zu betrachten, von dem so viele der anthroposophischen Lippenbekenntnisse handelten. Die Urteile entsprachen zwar nicht inhaltlich der pietistischen Bigotterie, wohl aber in ihrer Haltung. Dieser Setzkasten aus zwanghaften Werturteilen, den ich lange Zeit mit mir herumtrug, ist von einer so abgrundtiefen Spießbürgerlichkeit, dass ich mir manchmal am liebsten meine eigene Erinnerung daran auslöschen möchte. Ich will aber dieses Urteil nicht verallgemeinern. Vielleicht war ich tatsächlich der einzige Anthroposoph, der mit einem so absurden Weltbild umherging. Dass ich damit in keiner Weise auf Widerstand stieß, dass ich mein Weltbild in meiner anthroposophischen Umwelt durchaus bestätigt sah und mich damit ohne geringste Dissonanzen in anthroposophische Diskurse einfügte, lässt mich allerdings etwas anderes vermuten.

AUTOGENE HIRNWÄSCHE

> «Mögen hätt ich schon wollen, aber dürfen hab ich mich nicht getraut.»
>
> Karl Valentin

Der raffinierteste Trick meines dogmatischen Weltbildes aber war der Umstand, dass es im Grunde völlig ohne äußere Autorität auskam. Abgesehen von den Einflüssen meines Elternhauses, die zwar weltanschaulich durchaus einen guten Teil zu meinem Dogma beigetragen hatten, die mir dies aber in keiner Weise anders aufgezwungen haben, als das bei jeder anderen Sozialisierung der Fall ist, gab es niemanden, der mich hinsichtlich meines Weltbildes aktiv und womöglich gegen meinen Willen beeinflusst hätte.

Rudolf Steiner war lange tot, seine Schriften las ich freiwillig, ihm zu glauben war ich nicht gezwungen. Ich befand mich in keinerlei Verband oder Institution, die meine Weltanschauung so nachhaltig hätte beeinflussen können. Der Besuch der Waldorfschule brachte mich zwar immer wieder in entsprechende Umgebungen, aber anders, als das von manchen Kritikern dargestellt wird, wurde ich an den beiden Waldorfschulen, die ich besuchte, in keinerlei Weise unmittelbar mit der Anthroposophie konfrontiert. Selbst der Religionsunterricht der Christengemeinschaft, den ich besuchte und der eine konfessionelle Gestaltung des Unterrichts durchaus offiziell erlaubt hätte, war für einen Religionsunterricht weltanschaulich erstaunlich neutral. Wohl bot mir mein Zivildienst im anthroposophischen Camphill-Heim überreichlich Möglichkeiten, mich mit Anthroposophen und anthroposophischen Standpunkten auseinanderzusetzen und mich mit neuen, anthroposophisch-entwicklungstechnisch weiterbringenden okkulten Inhalten zu versorgen. Aber auch dies war so freiwillig wie meine Wahl der Zivildienststelle. Abgesehen von gewissen methodischen Vorgaben bei der Betreuung der Patienten und der Erwartung, die anthroposophische Ausrichtung der Institution als solche zu akzeptieren, war alles über die Arbeit hinausgehende anthroposophische Leben – Lesekreise, Bibelabende, Privatunterhaltungen über Anthroposophie, Vortragsveranstaltungen und dergleichen – völlig freiwillig. Ich hatte Kollegen, die gänzlich unbeleckt von der Anthroposophie denselben Dienst leisteten wie ich. Es war also in allererster Linie meine Initiative, die zu meinem Weltbild führte. Ich war fasziniert davon, ich hüllte mich selbst in diesen Nebel aus esoterischer Verzückung, ich machte mir selbst den moralischen Druck, gegen meine Natur die Sinnlichkeit zu verachten und ein leibfreies, rein geistiges Leben zu idealisieren.

Das Fatale war aber nicht nur, dass ich ganz freiwillig in dieser Dogmatik lebte und glaubte, eigenen Überzeugungen zu folgen und den wahren Pfad gefunden zu haben. Fatal ist, dass die Anthroposophie es zuließ, sich dabei auch noch für besonders unkonventionell, besonders frei, besonders originell, besonders individuell, besonders liberal zu halten. «Individuum» und «Individualismus» gehören zu den absoluten Lieblingsbegriffen der Anthroposophie. Dabei ist das, was ich als anthroposophische Weltanschauung gelebt hatte, nicht nur insofern krass antiindividualistisch, als ich mein eigenes Denken, Fühlen und Wollen durch einen abstrakten esoterischen Katechismus ersetzt hatte – insbesondere die letzteren beiden –, sondern auch insofern, als ich mich in meiner

Dogmatik Andersdenkenden gegenüber für privilegiert hielt. Wer glaubt, dass das absurde Verhalten mancher Anthroposophen nur die Fassade für eine geheime Sektenorganisation ist, wer glaubt, die aufdringliche Gutewelt diene zur Ablenkung von psychoterroristischen Praktiken, wer glaubt, das unprofessionell wirkende und übertrieben gutmütige Verhalten in vielen Bereichen sei die Tarnung eines straff durchorganisierten Kontroll- und Manipulationsapparates, der täuscht sich. Anthroposophen sind wirklich so! Freiwillig!

Wäre das, was ich als Weltanschauung mit mir herumtrug, und die Art und Weise wie ich mich selbst damit unter Druck setzte und verleugnete, institutionalisiert, dann wäre es exakt das gewesen, was man im Allgemeinen als Sekte bezeichnet. Allerdings: Meine Sekte war eine Einmann-Sekte. Es gab weder eine Institution, noch eine Gemeinschaft, es gab keinen Guru, keine Macht und keinen Druck, der mich nötigte. Ich war völlig allein und völlig freiwillig in dieser Sekte. Ich trug mein eigenes Gefängnis mit mir herum und war glücklich darüber und stolz darauf! Ich betrieb eine Art autogene Hirnwäsche.

II

MIT DEM MICHAELSSCHWERT IM HÖRSAAL

> «Die Maxime, jederzeit selbst zu denken, ist die Aufklärung.»
>
> Immanuel Kant

Nach dem Abitur, nach Zivildienst, diversen Praktika und einer etwas ungezielten Suche nach einem geeigneten Studienfach landete ich schließlich in Berlin und studierte Philosophie, Linguistik und Italienisch. Es hatte einige Zeit gebraucht, bis ich mich zur Philosophie durchringen konnte. Einerseits betrachtete ich sie als die Krönung aller akademischen Wissenschaften und demjenigen am nächsten stehend, was für mich die Faszination an der Anthroposophie ausmachte. Auf der anderen Seite hatte ich auch eine gewisse Ehrfurcht vor ihr. Mir war, als könne man sich dafür nicht einfach einschreiben, sondern müsste irgendwie dazu berufen werden.

Diese Ehrfurcht hatte durchaus auch mit meiner anthroposophischen Weltanschauung zu tun, weil ich mir unter Philosophie im Grunde das weltliche Pendant zur Anthroposophie vorstellte. Eine voranthroposophische Anthroposophie, die nur noch nicht das Glück hatte, Steiner und die geistig erweiterte Erkenntnismethode kennenzulernen. Und so fand ich mich also irgendwann in philosophischen Vorlesungen wieder und beschäftigte mich mit den großen Autoren der Geistesgeschichte. Und ich begegnete darin erneut Fragen, die ich schon aus meiner Beschäftigung mit der Anthroposophie kannte. Aber es blieb zunächst bei den Fragen. Die Antworten, soweit es diese in der Philosophie überhaupt gibt, waren ganz andere als meine. Ich hatte ja auf all diese Fragen bereits Antworten. Und so fundamentalistisch wie mein Weltbild war, so sicher war ich mir bei diesen Antworten. Ich wusste im Grunde alles besser als alle Philosophen von Platon bis Popper. Zwar hatte ich dieses Wissen im Einzelnen nicht unbedingt zur Verfügung, aber ich war im Besitz der Wunderwaffe jedes Fundamentalisten: Ich wusste, dass im Falle einer Differenz zwischen einem bestimmten Philosophen und der Anthroposophie auf jeden Fall die Anthroposophie recht hatte. In Rudolf Steiner hatte ich einen virtuellen Gewährsmann, der jede Philosophie überstieg und daher aus einer übergeordneten Sicht alles, was Philosophen je geschrieben hatten und je schreiben würden, bereits eingeordnet und bewertet und es mit seiner übermenschlichen Fähigkeit zur Emphase durchdrungen, aufgehoben und in die richtige Form gebracht hatte. Mit dieser Haltung ging ich also in die ersten Semester.

Man muss sich das einmal vorstellen! Natürlich trug ich das nicht offen aus, aber untergründig war es meine Überzeugung. Ich kam mir fast vor wie ein Agent der höheren Wahrheit, der dieser zurückgebliebenen Philosophie auf die Sprünge helfen wollte und der studierte, als ginge es darum, einen Feind zu zersetzen.

Nun war das aber nur eine von mehreren Stimmen in mir. Es gab durchaus auch eine andere Stimme in mir, welche die Anthroposophie vergessen und sich ganz in der Bewunderung der Philosophie verlieren konnte. Und die Philosophie hat ja nun einen ganz außerordentlichen Vorteil: Sie zwingt zur Reflexion. Trotz meines Bollwerks an Weltanschauung, das ich jeden Morgen mit ins Institut schleppte, brachte sie auch mich ins Grübeln. Zum einen beschäftigte mich natürlich schon die naheliegende Frage, ob es wirklich wahrscheinlich ist, dass ein einzelner Mensch den totalen Überblick hat, während eine ganze Hundertschaft an Philosophen, die erkennbar mit überdurchschnittlicher Intelligenz gesegnet waren, nur im Nebel herum tappen sollte? Als Anthroposoph beantwortet man sich diese Frage mit der Floskel «sie waren an etwas dran», was bedeuten soll, dass sie im Rahmen dessen, was eben ohne Anthroposophie möglich ist, durchaus Beachtliches leisteten. Sie hatten eine Ahnung der Wahrheit, sie waren im Grunde auf dem richtigen Weg, und vieles, was sie schreiben, ist auch keineswegs falsch. Ihnen fehlt aber, quasi unverschuldet, die letzte Stufe, um wirkliche Erkenntnis zu haben: der Zugang zur Anthroposophie Rudolf Steiners. Aus diesem logischen Widerspruch konnte ich mich also mit der nötigen Portion hermetischer Argumentation, wie sie fundamentalistischen Überzeugungen eigen ist, durchaus noch herausschlängeln.

Doch es gab einen anderen Widerspruch, dem ich nach und nach begegnete und der letztlich so existenziell war, dass er die eigentliche Krise hervorrief, den eigentlichen Wendepunkt in meinem Weltbild. Dieser Widerspruch war keineswegs ein logischer, er war im Grunde sogar unlogisch. Er fand nicht auf der Ebene diskursiver Reflexion, sondern im Untergrund einer existenziellen und emotionalen Sinnkrise statt.

LIEBER SCHIZOPHREN ALS GANZ ALLEIN

«Es ist derjenige am weitesten von der Wahrheit entfernt, der auf alles eine Antwort hat.»

Zhuangzi

Man kann ein Philosophiestudium nicht bestreiten ohne eine zumindest ansatzweise kritische Lektüre. Nicht nur Dozenten und Professoren geben einem die Aufgabe, Texte zu hinterfragen und selbständige Urteile zu bilden, schon die philosophischen Texte selbst sind in einer Form verfasst, die zu dieser kritischer Haltung auffordert. Aber auch Steiner fordert in vielen seiner Werke auf ganz unterschiedliche Weise zu einem selbständigen Urteil auf. Er ermuntert den Leser immer wieder, nichts einfach hinzunehmen, sondern alles zu prüfen. Und allein kraft dieser Forderung hielt ich mich als Anthroposoph schon für kritisch. Zwar blieb völlig offen, wie man die Darstellungen Steiners im Sinne wissenschaftlicher Kritik prüfen können soll, wo sie doch von einer Erfahrungsebene berichten, die ausdrücklich nicht ohne weiteres zugänglich ist. Dennoch glaubte ich, mit meiner Anthroposophie Teil einer wissenschaftlichen Veranstaltung zu sein, deren Methoden zwar durchaus verschieden von jenen der akademischen Wissenschaft waren, die aber gleichwohl kritisch im Sinne einer wissenschaftlichen Hinterfragung von Prämissen und Methoden war.

Es bedurfte eines vergleichsweise grobschlächtigen Anstoßes, um festzustellen, dass ich mich diesbezüglich einer Illusion hingab. Anlass war ein Streit unter zwei anthroposophischen Autoren, die sich in Büchern nicht nur gegenseitig des Irrtums und der falschen Darstellung von Details aus Steiners Werk bezichtigten, sondern auch fehlerhafte Zitate und andere Formfehler kritisierten. Da ein von mir gerne gelesener Autor dabei war, sah ich mich veranlasst, den Vorwürfen nachzugehen. Aus diesem Grunde begann ich etwas, was ich bis dahin nie gemacht hatte: Ich las diese anthroposophische Sekundärliteratur so, wie ich es im Studium für die wissenschaftliche Literatur lernte. Ich prüfte bei zwei Büchern von zwei sich widersprechenden Autoren alle Quellenangaben, las die Originaltexte, auf die verwiesen wurde, und versuchte, die Thesen und Argumente der betreffenden Bücher zu rekonstruieren.

Das Ergebnis dieser kleinen Untersuchung schockierte mich nachhaltig: nicht nur weil das Thema als solches schon wissenschaftlich schwer fassbar ist – es ging um Fragen zu den Themen Christologie und Reinkarnation –, sondern weil die Darstellungen im Wesentlichen auf unbegründeten Thesen basierten, auf unkritisch vorausgesetzten Prämissen wie zum Beispiel Reinkarnation und auf Fakten, deren Quellen im Dunkeln blieben. Aufgefüllt waren diese Leerstellen durch den immer wieder implizit und explizit vorgetragenen Verweis auf Rudolf Steiner und dessen «höhere» Erkenntnis. Nun ergab aber meine Prüfung auch, dass die betreffenden Werke bei genauem Hinsehen vor Fehlern nur so strotzten: falsche Quellenangaben, unauffindbare Zitate, frei interpretierte Paraphrasen und verfälschte Zitate mit teilweise aus der Luft gegriffenen Unterstellungen. Hinzu kommt, dass die Kernthesen der Bücher, um die gestritten wurde, in beiden Fällen als ein von Steiner unmissverständlich dargestelltes Faktum präsentiert wurde. Ich konnte jedoch trotz Verfolgung aller Verweise weder für die eine noch die andere These einen auch nur ansatzweise verwertbaren Beleg finden. Vielmehr war die Darstellung des betreffenden Sachverhalts bei Steiner so differenziert und komplex, dass bereits die simplifizierte Fragestellung, die hinter den beiden widerstreitenden Thesen stand, völlig am Anliegen Steiners vorbeizielte.

Die eigentlich naheliegende Erkenntnis, dass auch anthroposophische Autoren nur mit Wasser kochen und dass all das Gelesene, das ich so begeistert aufsaugte, nicht deswegen schon als Wahrheit gelten konnte, weil es in einem anthroposophischen Verlag erschienen war, sondern dass es zumindest im Prinzip einer kritischen Prüfung zu unterziehen ist, bevor es übernommen wird, war mir natürlich theoretisch auch schon damals klar. Aber ich erkannte durch meine kritische Untersuchung der beiden Bücher plötzlich, dass ich mich in weiten Teilen nicht dieser Erkenntnis gemäß verhielt: Ich war durchaus positiv voreingenommen gegen Publikationen aus anthroposophischen Verlagen. Ich war anthroposophischen Autoren gegenüber unkritisch. Ich legte keinen Wert auf formale wissenschaftliche Anforderungen. Ich war bereit, um des Versprechens einer höheren Erkenntnis willen das Fehlen formaler, logischer und argumentativer Konsistenz zu ignorieren. Ich ließ mich durchaus und primär von der Faszination des Okkulten und Esoterischen hinreißen und nahm dafür beliebigen Dilettantismus in Kauf. Denn dieser unvergleichlich reichhaltige und bildgewaltige Kosmos aus höheren Bedeutungen und tieferem Sinn, den mir diese anthroposophische Lektüre vermittelte und den sie in ihrem Jenseitspositivismus auch so handhabbar und schematisch durchsichtig machte, übte auf mein romantisches und idealistisches Gemüt eine große Anziehungskraft aus. Und im Vergleich zu Steiners Originalwerken bot die Sekundärliteratur dieses Faszinosum oft noch in brachial vereinfachter Form als leicht verdauliches esoterisches Fastfood an, bei dem sich alles so hübsch ineinander fügt, dass man ungestört darin schwelgen kann.

Es ist durchaus legitim, in Form und Methodik auf wissenschaftliche Anforderungen zu verzichten und den Anspruch zu vertreten, dass es neben der Wissenschaft andere Möglichkeiten gibt, die Welt zu erschließen und zu Erkenntnissen zu kommen. Problematisch an dem Ergebnis meiner Untersuchung war aber einerseits, dass die betreffenden Autoren, ebenso wie Steiner, die Anthroposophie durchaus als Wissenschaft betrachten wollten. Andererseits aber verletzten die Unzulänglichkeiten der beiden Bücher, weit über die strengen Kriterien wissenschaftlichen Arbeitens hinaus, auch allgemeine Grundsätze eines vernünftigen und integren literarischen, wissenschaftlichen, philosophischen oder eben auch anthroposophischen Arbeitens. Dass ich diese fundamentalen Ansprüche plötzlich für ein Werk nicht mehr erfüllt sah, das ich kurz zuvor noch verehrte, hinterließ eine tiefe Enttäuschung bei mir. Und zwar weniger, weil ich anthroposophischen Autoren keine Irrtümer, Fehler oder Ungenauigkeiten zugestand, sondern weil ich meinen Glauben an die Integrität und Authentizität des Anliegens der Autoren verraten fühlte: Statt edler Wahrheitsliebe und ernsthafter Erkenntnisbemühung schienen mir plötzlich Leichtfertigkeit, Oberflächlichkeit und Effekthascherei im Dienste der schieren Rechthaberei und der eigenen Karriere als Motiv hinter solchen Veröffentlichungen zu stehen.

Ich erkannte, dass der übermenschliche Anspruch, den ich selber an die Anthroposophie stellte, nicht haltbar war und dass letztlich die scheinbare Anspruchslosigkeit der «normalen» Wissenschaft, die ohne das Pathos einer romantischen Wahrheitssuche sich auf die reine Sachlichkeit beschränkt und notfalls Nichtwissen einem ahnungsvollen Halbwissen vorzieht, zumindest aufrichtiger war als diese Art scheinwissenschaftlicher Selbstbefriedigung an okkulten Inhalten unüberprüfbarer Herkunft.

Ein anderes entscheidendes Erlebnis hatte ich in dieser Zeit anlässlich der Studentenproteste gegen die geplanten Umstrukturierungen der Bildungslandschaft in Berlin nach der Wende. Obwohl ich nicht in allen Teilen den Positionen der protestierenden Studenten zustimmen konnte, nahm ich an diesen Protesten teil, weil ich darin eine legitime und wichtige demokratische Form der Willensbildung sah. Ich besuchte aber damals auch einen anthroposophischen Lesekreis aus Studenten, der allerdings weit ab von der Universität tagte und in dem sich damals sehr schnell der Konsens bildete, dass die Studentenproteste von vorneherein sinnlos seien, weil sie die von Steiner skizzierte Idee der «Dreigliederung des sozialen Organismus», als einzige und wahre Lösung aller sozialen Probleme, nicht berücksichtigten. Unter anderen Umständen hätte ich damals diesem Konsens wahrscheinlich im Wesentlichen zugestimmt, doch weil ich die Proteste selbst miterlebt, weil ich mit den Studenten tage- und nächtelang diskutiert hatte, durchaus auch kontrovers, weil ich das Engagement und die Überzeugungen spürte, die bei jedem Einzelnen als individuelle Motive hinter den Protesten standen, erfuhr ich dieses anthroposophische Urteil plötzlich am eigenen Leib in seiner ganzen Anmaßung und Arroganz. Man glaubte, mit ein paar abstrakten Phrasen und einem durchaus interessanten, aber gleichwohl unkonkreten, rein theoretischen Ansatz eine Antwort auf komplexe soziale, politische und wissenschaftliche Fragen und Probleme zu haben, ohne sich auch nur im Leisesten damit wirklich auseinanderzusetzen. Nicht über die Mitstudenten des Lesekreises war ich entsetzt, sondern über mich, weil ich mich als Anthroposoph selber in diesem Urteil wiedererkannte als ein elitärer anmaßender Besserwisser, der im Wolkenkuckucksheim seiner Anthroposophie auf alles eine Antwort wusste, sich aber hütete, diese Antworten vom echten Leben oder auch nur einer kontroversen Diskussion prüfen zu lassen. Was mir plötzlich bewusst wurde, war mein schizophrenes Leben in zwei Welten, das auch schon meine Kindheit unterschwellig bestimmt hatte. Das Kartenhaus dieser perfekten anthroposophischen Weltanschauung konnte nur deswegen nicht zusammenfallen, weil ich es in mir sorgsam von allen Einflüssen der Wirklichkeit abschirmte.

In sich war meine anthroposophische Welt durchaus konsistent. Sie war keineswegs beliebig, sondern in gewisser Form von Objektivität geprägt, wenngleich diese Objektivität meist nichts weiter zu ihrer Begründung hatte als den Verweis auf Rudolf Steiner. Davon abgesehen war diese Welt aber ein logisch strukturiertes System mit einer nachvollziehbaren und konsistenten Semantik. Man musste nur die beiden fundamentalen Prämissen akzeptieren: dass es so etwas wie eine «geistige Welt» gibt und dass Rudolf Steiners Werk eine einzigartige, umfassende, quasi-empirische Erforschung dieser geistigen Welt darstellte, weil sein Autor ein «Eingeweihter» war. Diese beiden Prämissen bedingen sich jedoch gegenseitig. Nur in der anthroposophischen Semantik kann der Status des «Eingeweihten» überhaupt jene Bedeutung haben. Aber die anthroposophische Semantik selbst – zumindest in der Form, in der ich sie damals rezipierte – ist nur dann überhaupt relevant, wenn man von der Einweihung Steiners in diesem Sinne ausgeht. Mein anthroposophischer Kosmos brauchte überhaupt keine Rechtfertigung aus der «normalen» Welt: Er war hermetisch in sich geschlossen, und solange man ihn nicht verließ, auch in sich konsistent. Dass die «normale» Welt mit diesem Kosmos nicht in Übereinstimmung stand, schien mir damals ein Problem der normalen Welt zu sein: Ihr fehlte die unmittelbare Einsicht in die beiden Grundprämissen. Da diese aber nirgends aus der normalen Welt ableitbar waren, schien es auch aussichtslos, der normalen Welt einen Zugang zur Anthroposophie zu öffnen. An dieser Hermetik prallte jede noch so wohlwollende Kritik an der Anthroposophie ab. Dieses geschlossene System konnte entweder ganz oder gar nicht betreten werden. Jeder noch so kleine Zweifel an seiner Konsistenz hätte den Zusammenbruch einer der beiden Prämissen zur Folge gehabt und damit den Zusammenbruch des gesamten Systems.

Daher war es aber auch so schwierig und zunächst völlig unmöglich, das System meiner Weltanschauung auch nur partiell anzweifeln: Denn dies hätte tatsächlich den kompletten Verlust meiner Welt bedeutet! Daher konnte es aber auch innerlich keine Verbindung zwischen normaler und anthroposophischer Welt geben, beide mussten – wenngleich sie natürlich im äußeren Leben raum-zeitlich parallel existierten – auf einer bestimmten Ebene sorgsam voneinander getrennt bleiben: die normale Welt als das notwendige Übel einer eigentlich im Falschen lebenden, atavistischen Unkultur, und die anthroposophische Welt als die Verheißung des wahren Lebens in einer zukünftigen Kultur der Erlösung. Und so sehr sich die Anthroposophie durch ihr Engagement gerade in der Veränderung der praktischen Alltagswelt auszeichnete (Waldorfschulen, Medizin, Behindertenpflege, Sozialimpulse etc.), so sehr war für mich und auch viele andere innerlich diese Spaltung immer gegenwärtig und machte das praktische Engagement nicht selten zu einer Veranstaltung missionarischer Überheblichkeit: Es war dann nicht der Versuch, anthroposophische Ideen zur Verbesserung der Lebensumstände fruchtbar zu machen, sondern es war die Bemühung, die verderbte Normalwelt punktuell mit dem Hefepilz der Anthroposophie zu infizieren, damit er sie nach und nach ganz und gar durchdringen und zum rein geistigen Leben im anthroposophischen Paradies erlösen möge. Irgendwann, in fernen Inkarnationen, wenn die unanzweifelbare Überlegenheit der Anthroposophie auch den letzten Winkel der Welt erreicht haben würde.

Die beiden beispielhaft beschriebenen Irritationen waren deutliche Symptome für die beginnende Erosion dieses hermetischen Weltbildes. Doch so wenig dieses Weltbild letztlich aus rationalen Überzeugungen entstanden war, so wenig konnte es durch solche rationalen Irritationen wirklich beschädigt werden. Die eigentliche Ursache dieser Erosion lag in einer viel tieferen, keineswegs rationalen und zu Beginn völlig unbewussten Schicht.

Ich hatte ja nun gerade ein Studium aufgenommen, und ein Studium dient nach herkömmlichem Verständnis dazu, etwas zu lernen. Die Philosophie ist nun wahrlich ein Fach, in dem man keine Sorge zu haben braucht, dass der Lernstoff zur Neige geht. Nicht nur dass es die wahrscheinlich tiefste aller Wissenschaften ist, es ist auch die breiteste; denn letztlich ist sie als Fundamentalwissenschaft berechtigt, sich über alle Bereiche und zu jeder nur denkbaren Frage Gedanken zu machen. Ich stand also vor einer Art Lernparadies, einem ganzen neu zu entdeckenden Universum. Und dieses Entdecken, die Suche nach dem Unbekannten, das Erforschen des Verborgenen, das Erweitern des eigenen Horizontes, das war doch ein ganz wesentlicher Teil meines Idealismus, mit dem ich mich seinerzeit auf die Anthroposophie und in die Steiner-Lektüre gestürzt hatte. Doch eigenartigerweise stellte sich diese Euphorie beim Philosophie-Studium nicht richtig ein, und das irritierte mich. Natürlich hatte das zum Teil seinen Grund in der formalen Struktur des Studiums, das nicht ausschließlich aus Annehmlichkeiten besteht. Man muss sich durch widerspenstige Texte durcharbeiten, man muss gewisse Anforderungen erfüllen, Hausarbeiten, Referate, Klausuren machen. Aber da blieb dennoch und gerade in diesem Fach noch genügend Raum für Interesse, für faszinierende Lektüre, für das Stöbern in der Bibliothek, für Diskussionen im Seminar und im Foyer, für das Verfolgen der brennendsten Fragen. Und trotz dieser paradiesischen Voraussetzungen für eine Entdeckungsreise zum Rätsel des Lebens blieb meine Sehnsucht unbefriedigt.

Zugegeben, ich hatte eine etwas romantische Vorstellung des Philosophie-Studiums. Ich hatte das Bild von Intellektuellen aus französischen Autorenfilmen im Kopf, die in einer Altbauwohnung im Quartier Latin halb konspirativ Sartre-Bücher austauschten und in der Brasserie bei Rotwein und einem Croque Monsieur über Nihilismus und die Lösung des Welträtsels diskutierten. Das Studium schien mir der eigentliche Start zur Entdeckung des Lebens und der Welt zu sein. Und ich wollte entdecken, so wie ich auch schon die Anthroposophie für mich entdeckt hatte. Ich wollte Professoren kennenlernen, die mir neue Perspektiven eröffneten, ich wollte Autoren kennenlernen, die mich in neue Dimensionen führten, ich wollte nach Wahrheit suchen wie der romantische Held nach der blauen Blume.

All dies aber fand ich nicht. Oder genauer: Es war in Ansätzen durchaus vorhanden; durch ein paar Mitstudenten in meinem Umfeld sogar in einem wahrscheinlich überdurchschnittlichen Maße. Dennoch konnte ich nicht in diesen Strom tauchen, den ich suchte. Ich konnte keinem Autor so folgen, wie ich es mir eigentlich wünschte. Ich fand keinen Professor, der mich so faszinierte, wie ich es eigentlich erwartete. Und ich fand auch keine Diskussion über Existentialismus, die mich auf die Spur des Unentdeckten geführt hätte. Wenngleich das Studium interessante Inhalte bot und auch die erstaunlich großzügig bemessene Freizeit mit allerlei Amüsements verbunden war: Meine romantische Sehnsucht blieb unerfüllt. Nicht weil die Suche ergebnislos blieb, sondern weil es überhaupt keine Suche geben konnte. Und nur langsam dämmerte mir der Grund für diese frustrierende und paradoxe Situation.

Es lag keineswegs an der formalen Struktur des Studiums, es lag auch nicht am Fehlen interessierter Kommilitonen, engagierter Professoren oder gar von Fragen und Autoren, die neue Dimensionen eröffneten. Mir stockte der Atem – bildlich gesprochen, denn diese Erkenntnis entwickelte sich natürlich schleichend über einen längeren Zeitraum –, als ich erkannte, dass der Grund für meine existenzielle Enttäuschung ausgerechnet in meiner Anthroposophie lag. In jenem Kosmos der Wahrheit, den ich doch für den Inbegriff dieser romantischen und idealistischen Wahrheitssuche hielt!

Denn der überhöhte Anspruch dieser meiner Anthroposophie, mit der ich glaubte, den ultimativen Schlüssel zur Wahrheit gefunden zu haben, versetzte mich in eine Situation, in der jeder andere Ansatz, jede andere Richtung, von vornherein nicht genügen konnte. Mein schon immer vorgefertigtes Urteil allem Nicht-Anthroposophischen gegenüber, dass es der Anthroposophie notwendigerweise unterlegen sein musste, weil ihm eben die Anthroposophie fehlte, versperrte mir von vornherein jeden anderen denkbaren Weg, jede neue Perspektive, jeden Aufbruch in eine andere Dimension, jeden Zugang zu irgendeiner Wahrheit, die außerhalb der Anthroposophie lag. Ich hatte mich mit der Gewissheit, mit der ich Steiner und seine Anthroposophie für den Stein der Weisen hielt, in eine Situation hineinmanövriert, die letztlich nur eine gähnende Langeweile hinterließ. Was sollte mir ein Studium, wenn ich doch schon im Besitz der Wahrheit war? Ich wusste im Prinzip ja die Lösung aller Rätsel: Rudolf Steiner! Natürlich wusste ich nicht alles im Einzelnen, aber ich wusste, wo zu suchen war: bei Rudolf Steiner! Und ich wusste vor allen Dingen, dass die Philosophie mit ihren «toten Begriffen», ihrem «Intellektualismus», ihrer Unkenntnis des «Christus-Impulses» von vornherein niemals an jene Dimension der Wahrheit würde heranreichen können, die der Anthroposophie zugänglich war und die Rudolf Steiner mit seinem Einblick in die «geistige Welt» eröffnete. Über diese Dimension, die als eine Art Bauplan der Wirklichkeit in meiner anthroposophischen Vorstellung, eine unmittelbare und sichere Anschauung der Wahrheit ermöglichte, konnte das «gewöhnliche» Denken mit seiner Verhaftung im Sinnlichen und im Intellekt nur spekulieren.

Dieser Glaube, den Quell zu kennen, aus dem sich jede andere philosophische, wissenschaftliche, aber auch religiöse und künstlerische, ja überhaupt jede Betätigung des Menschen beurteilen ließ, lähmte jegliches Interesse an allem, was nicht unmittelbar mit diesem Quell in Verbindung stand. Ein Hegel, ein Kant, ein Platon, ein Aristoteles, Thomas und Fichte – sie mochten viele vernünftige Dinge geschrieben haben, die wohl immer auch als Vorbereitungen und Antizipationen der Anthroposophie aufgefasst werden, nie aber das große Tor zur «eigentlichen» Wahrheit aufstoßen konnten, wie es die Anthroposophie in meiner Vorstellung tat. Und noch viel weniger konnten das all jene Philosophen, die nach Steiner lebten und an ihm vorbeigegangen waren. Wie also sollte ich von diesen nur vorläufigen, von Steiners Anthroposophie immer schon übertroffenen Philosophen etwas erwarten, was mir mit der Anthroposophie nicht prinzipiell schon gegeben war? Wie konnte ich überhaupt noch etwas erwarten, wenn ich doch bereits des Rätsels Lösung in Händen hielt?

Diese Erkenntnis verursachte einen nicht unerheblichen Schock bei mir, durch den mein anthroposophisches Weltbild zu erodieren begann. Denn Forschergeist und Idealismus, die romantische Suche nach der blauen Blume, wenn man so will, das war ein unbedingter und wesentlicher Bestandteil meiner Ideologie. Welcher Ernüchterung aber sah ich mich plötzlich gegenübergestellt, als ich erkannte, dass ich bereits im Besitz der blauen Blume sein sollte. Mein Erkenntnis-Idealismus war mit dieser Einsicht auf einen Schlag aller Kraft beraubt. Ich fiel wie in ein schwarzes Loch, als hätte man mir mein Todesurteil überbracht: Ich sollte am Ende der Suche sein. Es sollte nichts mehr zu entdecken geben. Die Welt: Das war sie! All die Euphorie, die mit dem Entdecken der Welt gerade für einen jungen Menschen verbunden ist, die Begeisterung, mit der man philosophische Richtungen prüfte, verfolgte und wieder verwarf, um nach besseren Antworten zu suchen, um sich und seinen Standpunkt in der Welt zu finden – die ganze existenzielle Fragehaltung eines wahrhaft Suchenden verpufft in der Gewissheit, dass Anthroposophie des Rätsels Lösung sei. Der Zauber der Zukunft und die Erwartung des Unbekannten, das Lebenselixier des jungen Menschen, gerann an meiner Anthroposophie zu einer schalen und wertlosen Brühe.

DIE PARADOXIE IST DAS TOR ZUR WEISHEIT

> «Der Himmel dürfte aus klimatischer Sicht angenehmer sein als die Hölle. Allerdings vermute ich, dass die Hölle in gesellschaftlicher Hinsicht weit interessanter ist.»
>
> Molière

Und nun geschah etwas verblüffendes. Ein Student der Philosophie, Wahrheitssucher von Steiners Gnaden, Systematiker und logisch-semantischer Korinthenkacker, einer, der dem Denken die absolute Priorität einräumte und der – so schwer das selbst für mich im Rückblick zu glauben ist – tatsächlich von der Unanzweifelbarkeit seiner Anthroposophie überzeugt war, sagte sich nun Folgendes: Selbst wenn ich sicher bin, in der Anthroposophie die letzte Wahrheit gefunden zu haben, so scheint mir nach allem die Suche nach ihr erstrebenswerter als ihr Besitz. Und ich würde unter allen Umständen lieber auf diese Anthroposophie verzichten, wenn mich dies in die Lage versetzte, wieder suchen zu können, Türen zu öffnen, Neues zu finden!

Ich war in der Tat bereit, diese Anthroposophie zu verlieren, nur um wieder nach ihr suchen zu können. Ich bedauerte es, von Geburt an Anthroposoph gewesen zu sein, und beneidete solche Anthroposophen, die erst nach langer «Irrfahrt» durch die Welt zur Anthroposophie als zu ihrer Lösung für das Rätsel des Lebens gefunden hatten. Ich hatte nie diesen Moment der Entdeckung einer zuvor nicht für möglich gehaltenen Antwort auf meine Fragen erlebt. Genau diese Suche war es nun, wonach ich mich sehnte. Dafür war ich bereit, die Antwort zu verlieren, um sie erst wieder zu finden.

Natürlich war ich mir damals sicher, dass ich in diesem

hypothetischen Falle unbedingt auch wieder zur Anthroposophie würde finden müssen, und ich ahnte damals nicht, dass mein Wunsch sich mehr als erfüllen sollte. Doch wie sollte das gehen? Man kann eine Weltanschauung nicht einfach kündigen wie das Abo einer Zeitschrift. Man kann Überzeugungen nicht einfach vergessen. Ich konnte aus dieser Sekte, welche die Anthroposophie für mich war, nicht einmal austreten, weil ich selber ihr einziger Guru und Insasse war!

Und ich trat auch zunächst nicht aus. Doch der Verlust meiner Perspektive löste ein so existenzielles Unbehagen in mir aus, dass mich solche Fragen und Widersprüche, wie ich sie beispielhaft geschildert habe, zu irritieren begannen. Natürlich begegnete ich ihnen auch schon früher, doch da konnte ich sie stets in einem der hübschen Schublädchen meines Anthroposophie-Universums ablegen. Ich spürte nun auf Schritt und Tritt die Unzufriedenheit und Leere, welche die Hermetik meiner anthroposophischen Welterklärung und die Unfähigkeit, mich damit auf irgend etwas Neues einzulassen, in mir hinterließ. Und so begann ich ganz langsam, mich hinaus zu wagen in die Wirklichkeit ungesicherter Erkenntnisse. Ich erlaubte mir ausdrücklich, für sicher gehaltene Erkenntnisse in Frage zu stellen und anthroposophische Standardurteile auszusetzen. Zunächst nur hypothetisch und nur, um mir das Gefühl echter Erkenntnissuche wieder zurückzuerschleichen. Doch nach und nach, als die Hermetik durch einen Schleichweg erst einmal durchbrochen war, entwickelte dieser Zweifel und Ausbruch aus dem geschlossenen System eine stetig zunehmende Eigendynamik, die langfristig weit über die anthroposophische Weltanschauung hinaus ging und sich bis auf die allergrundlegendsten Erfahrungen und existenziellsten Lebensgefühle erstreckte.

Was hier seinen Lauf genommen hatte, war die größte Krise meines Lebens, ja es war überhaupt die größte Krise, die das Leben bereithalten konnte. Eine Krise natürlich in ihrem doppelten Sinne: Katastrophe und Chance zugleich.

Diese Krise kam indessen nicht plötzlich, sie entwickelte sich über viele Jahre. Sie ging vom Kopf über das Herz bis in den Bauch und die Beine: Was zunächst nur theoretische Spekulation über Weltanschauungen war, bekam irgendwann auch emotionale Realität, und schließlich äußerte es sich auch in meinem Verhalten, bis in die gesundheitliche Konstitution hinein. Zunächst aber erlebte ich die Krise keineswegs als Katastrophe, sondern durchaus als Befreiung.

DER ÜBERMENSCH MIT DEM HAMMER

«An Gottes Stelle den freien Menschen!»
Rudolf Steiner

Die erste Person, die auf diesem Weg eine entscheidende Rolle spielte, war der Philosoph Friedrich Nietzsche. Ich befand mich für zwei Semester mit einem Auslandsstipendium in Italien. Für ein Jahr wechselte ich von der rauhbeinigen Großstadt Berlin in das beschauliche Universitätsstädtchen Urbino in den Marken, eine der weniger bekannten und gleichwohl reizvollsten Gegenden in Italien. Im Zentrum der Stadt steht der berühmte Dogenpalast, der sich in der Renaissance unter Herzog Federico II. zu einem kulturellen und wissenschaftlichen Mittelpunkt entwickelte. Davon zeugt auch heute noch der nahezu vollständig erhaltene historische Stadtkern um den Palast. Die Umgebung von Urbino, mit ihren kargen Kalkhügeln, den intensiv ockerfarbenen Äckern, die sich an die Hügel schmiegen, und den meist auf den Bergrücken gelegenen Siedlungen und Wegeführungen, hat eine ganz eigene herbe, aber dennoch offene und unprätentiös liebliche Anmutung, in die ich mich auf der Stelle verliebte. Ich genoss das Wohnen auf einem Berg, die Aussicht, die Klarheit und das unglaubliche Licht, das allabendlich vor meinem Fenster einen spektakulären Sonnenuntergang an den Himmel zauberte. Doch trotz seiner museumsreifen kunsthistorischen Authentizität war Urbino keineswegs museal: Die Universität, die mehr Studierende beherbergte als die Stadt Einwohner hatte, sorgte für Leben, Gegenwart und

Normalität in den idyllischen Renaissance-Gässchen und gab dem kleinen Städtchen einen überraschend großstädtischen Charakter, der mit der Schlichtheit des umliegenden, vom Toskana-Tourismus weitgehend verschont gebliebenen Landleben kontrastierte.

In dieser Umgebung, die in jeder Hinsicht einen denkbar starken Gegensatz zum Leben in Berlin darstellte, begann ich mit der Lektüre der Werke Friedrich Nietzsches und besuchte Vorlesungen über ihn. Ich wollte in Italien, wo zweifellos die intensivste Nietzsche-Forschung stattfand, mich mit einem der vielleicht deutschesten Autoren der Philosophie beschäftigen. Und man kann fast den Eindruck haben, als hätte ich die Beschaulichkeit des italienischen Renaissancedörfchens gebraucht, um mich überhaupt an diese Eruption existenzialistischer, nihilistischer und atheistischer Philosophie heranzutrauen. Wie auch immer, für den Ausbruch aus meinem anthroposophischen Gefängnis war Nietzsche in dreierlei Hinsicht ideal: Zum einen war sein missionarisches Pathos und seine überaus eloquente Radikalität Balsam für meinen frustrierten Idealismus. Ich schwelgte regelrecht in dieser inneren Revolution. Außerdem durchbrach sein wenig systematischer, in vielerlei Hinsicht mehr literarischer als philosophischer Stil meine äußerst schematische und abstrakte anthroposophische Reflexion. Vor einem Philosophen, der mit dem Hammer philosophiert, hat eine sophistische Argumentation keinen Bestand und sei sie noch so ausgeklügelt und hermetisch. Zum Dritten aber war Nietzsche ein Philosoph, auf den sich Steiner, zumindest in seiner frühen Phase, positiv bezogen hatte und der damit das anthroposophische Zertifikat für echte Erkenntnisse besaß. Denn das war damals, am Beginn meines Weges, noch durchaus ein Kriterium für die Auswahl meiner Lektüre, und es beeinflusste ganz erheblich meine Voreinstellung und damit auch das, was ich letztlich von einem Autor erfahren konnte.

So erlebte ich damals meine Nietzsche-Lektüre und die Ideen, die ich daran entwickelte, auch überhaupt nicht als Gegensatz oder Entfernung von meiner Anthroposophie, wenngleich sie das zweifellos schon waren. Die hier geschilderte Entwicklung, die ohnehin nur einen dünnen Ausschnitt des ganzen Ausmaßes wiedergibt, erfolgte keineswegs linear, sondern in sich überlagernden Strängen und nicht in klar voneinander abgrenzbaren Phasen. Obschon ich also Nietzsche mit Ende Zwanzig in diesem Jahr in Italien zum ersten Mal intensiv kennenlernte, mussten sich die mit seinem Werk verbundenen Ideen erst Schicht um Schicht in das Konzept meiner Wirklichkeit hineinarbeiten. Die erste Faszination galt der theoretischen Dimension dieser Ideen, die auf einer logisch-semantischen Ebene betrachtet wurden. Bis das, was mich damals an Nietzsche philosophisch faszinierte, soweit in meiner Wirklichkeit angekommen war, dass es für mich nicht nur Idee, Theorie und philosophisches Erklärungsmuster war, sondern zu einer so existenziellen Überzeugung wurde, dass sie mein unmittelbares Bild der Wirklichkeit maßgeblich bestimmte, sollte es noch ein langer Weg sein. So unumstößlich, wie zuvor meine anthroposophischen Überzeugungen mein Denken und mein Weltbild bestimmten, so unumstößlich sollten sich auch zentrale Ideen der Nietzsche'schen Philosophie geradezu als eine Verneinung dieses anthroposophischen Weltbildes erweisen.

Nietzsches Kritik am Christentum, an Religion, Metaphysik und Moral, sein Nihilismus und seine Negation Gottes faszinierten mich als erstes in ihrer rhetorischen Radikalität und ihrem unbeugsamen Individualismus. Denn diese Kritik ist zunächst Ausdruck der Autonomie des Individuums, das weder abstrakte Gesetze noch eine höhere Macht als absolute Instanzen anerkennt, viel weniger noch deren vorgebliche weltliche Vertretung in Form der Religionen und Kirchen. Diese Autonomie faszinierte mich auf eine durchaus auch furchterregende Weise. Denn mit der Autonomie des Individuums ist nicht nur Freiheit, sondern auch der Verlust von Sicherheit verbunden.

Ich las damals parallel das anthroposophische Buch «Die okkulte Bedeutung des Verzeihens» von Sergej O. Prokofieff, das den Gegensatz von Gut und Böse durchaus insoweit relativierte, als es im Verzeihen einen realen Akt der Überwindung des Bösen findet. Doch all dies spielt sich im Rahmen eines metaphysischen Positivismus ab, in dem Gut und Böse durch personalisierte «Wesen» vertreten sind, in dem das Verzeihen als Vorgang und Tätigkeit der Engels-Hierarchien beschrieben wird und überhaupt das ganze anthroposophische Setting einer zielgerichteten und in der «weisen Weltenlenkung» aufgehobenen Entwicklung zum Guten als sichere Grundlage dient. Dagegen führten die Gedanken von Nietzsche in den Verlust eben dieser Sicherheit. Sein «Jenseits von Gut und Böse» hebt diese Begriffe nicht durch Vermittlung, sondern durch Negation auf: Jenseits von Gut und Böse hieß für mich, dass Gut und Böse als Kategorien entfallen und damit letztlich der fundamentalste Maßstab überhaupt. Denn diese Kategorien, diese Fundamentaldichotomie von Gut und Böse, sind keineswegs nur in einer religiösen Bedeutung gemeint, sondern durchziehen, vielleicht mit anderen Worten, die Urteilsbildung auf allen Ebenen des Lebens und Alltags. Unser Handeln ist stets bestimmt von vorausgehenden

Entscheidungen zwischen dem, was sein soll, und dem, was nicht sein soll, zwischen dem Anstrebenswerten und dem nicht Anstrebenswerten. Wir handeln in diesem Sinne immer «gut», denn wir können überhaupt nicht anders, als das Gute zu wollen, weil etwas zu wollen bereits bedeutet, dass wir es für das Gute oder zumindest im Rahmen des Möglichen für das Beste halten. Das ist ganz unabhängig von ethischen Überzeugungen und Systemen: Auch wer im Moralgefüge christlicher oder anderer Überzeugungen ein Sünder ist, handelt nach seinem eigenen Verständnis im Sinne des Guten. Selbst wenn ein Mörder von der Sündhaftigkeit seines Handelns überzeugt ist, folgt er doch letztlich einem vielleicht nur kurzfristigen und sehr instinkthaften, aber dennoch dominierenden Bewusstsein davon, dass das Morden in der gegebenen Situation die bessere Option ist, und sei es nur, um seinen Rachegefühlen, seiner Gier oder sonstigen sogenannten niedrigen Beweggründen nachzugeben.

Diese Fundamentaldichotomie von Gut und Böse ist letztlich die Form und der Kitt, durch den Sinnsysteme aller Art zusammengehalten werden. Fällt sie weg, so bricht auch das Sinnsystem zusammen. Zumindest sofern es als ein mehr oder weniger allgemeingültiges gedacht wird. Ohne Gut und Böse gibt es keine Werte, gibt es nichts Anstrebenswertes, kann es weder absolute Ziele und Zwecke noch eine vorgegebene Orientierung für das Handeln geben. Die Forderung, sich «jenseits von Gut und Böse» zu stellen, wirkt aus einem solchen Sinnsystem heraus betrachtet notwendigerweise anmaßend und als Übel schlechthin, weil das Böse dadurch nicht nur akzeptiert, sondern dem Guten gleichgestellt wird. Die Verwischung des Unterschieds zwischen Gut und Böse muss einem Denken, das in einem solchen Sinnsystem steht, als ultimativer Frevel erscheinen: Es ist das apokalyptische Tier, die Bedrohung der Bedrohungen, das alles vernichtende Ende. Jenseits von Gut und Böse aber, das heißt ohne die Kategorien «gut» und «böse», ergibt diese Bewertung natürlich keinen Sinn. Hier wird dieser Nihilismus nicht als Bedrohung, sondern als Befreiung erlebt, als Transzendierung einer spießigen Kleinbürgermoral in die absolute Autonomie des Individuums. An dieser Zwiespältigkeit konturiert sich das Motiv des Übermenschen von Nietzsche, der durchaus das Bedrohlichste und das Höchste in sich vereint, der dem braven Bürger das apokalyptische Tier ist, dem radikalen Individualisten und Genie aber ein Erleuchteter.

Der Erleuchtungscharakter liegt in der Erkenntnis, dass Gut und Böse als Bewertungen nicht bloß einem Sinnsystem seinen Sinn verleihen, sondern auch nur innerhalb eines Sinnsystems sinnvoll sind. Sie sind keine absoluten Werte, nichts ist an sich gut oder böse, solange wir ihm diese Bewertung nicht beilegen. Gut und Böse sind keine metaphysischen Größen, sondern Konstrukte, um einer an sich indifferenten Welt aus wertfreien Erfahrungseinzelheiten Sinn zu geben. Es ist bei längerem Nachdenken kein außerhalb dieser Dichotomie liegender Grund dafür zu finden, überhaupt von so etwas wie dem «Guten» zu sprechen. Die Welt ist sich in ihrer wertfreien Vielfalt genug, die ohne Gut und Böse, aber auch ganz ohne Sinn und Zwecke auskommt. Gut und Böse, Sinn und Zweck sind menschliche Erfindungen, über die sich der Übermensch hinwegsetzt, weil er sie als solche durchschaut.

Diesen Nihilismus fand ich für mich am konzentriertesten ausgedrückt in Nietzsches Satz «Gesetzt wir wollen Wahrheit: *warum nicht lieber* Unwahrheit?». Dieser Satz hat im Rahmen der Fälschungen, mit denen Nietzsches Werk für den Faschismus instrumentalisiert wurde, sehr kontroverse Interpretationen erfahren. Er steht bei Nietzsche im Zusammenhang mit Überlegungen über den Wert von Wahrheit und Unwahrheit für das Leben und einer Kritik an einer einseitig verstandesorientierten Auffassung menschlicher Handlungsmotive, wie sie insbesondere in der Folge der Kant'schen Ethik dominierten. Für mich stellt er aber in einer tieferen Schicht jene Transzendierung der Gut-Böse-Dichotomie dar, mit der Wahrheit als höchstes Gut aufs engste verbunden ist. Ich lese darin die Frage eines völlig wertfreien Bewusstseins nach dem Grund dafür, warum es nicht beliebig sein sollte, ob wir der Wahrheit oder der Unwahrheit den Vorzug geben, und warum von vorneherein Wahrheit als das Gute und Unwahrheit als das Schlechte betrachtet wird. In meinem Verständnis hinterfragt Nietzsche damit das Sinnsystem, in dem sich alle Philosophie vor ihm und im Wesentlichen auch nach ihm abgespielt hat. Er meint nicht nur die Relativität von Wahrheit insofern, als wir nie wissen können, ob das, was wir für wahr halten, auch wirklich wahr ist, sondern er stellt Wahrheit in einer viel grundsätzlicheren Weise, nämlich als Wert an sich in Frage: Er relativiert die Auffassung, dass überhaupt etwas «wirklich wahr» sein könne und dass dies von Bedeutung sei.

Mit diesen Gedankengängen ist Nietzsche Hauptverantwortlicher für das philosophische Aufbrechen meines anthroposophischen Dogmas. Bemerkenswert daran ist, dass es der frühe Rudolf Steiner war, der mich mit seiner Nietzsche-Rezeption in den Bann dieses Ausnahmephilosophen zog. Weil es mein Steiner abgesegnet hatte, konnte ich mir selbst überhaupt erst erlauben, mich einigermaßen vorurteilsfrei mit diesem Werk zu beschäftigen. Er schreibt: «Als ich vor sechs Jahren die Werke Friedrich Nietzsches kennenlernte, waren in mir bereits Ideen ausgebildet, die den seinigen ähnlich sind. Unabhängig von ihm und auf anderen Wegen als er, bin ich zu Anschauungen gekommen, die im Einklang stehen mit dem, was Nietzsche in seinen Schriften: ‹Zarathustra›, ‹Jenseits von Gut und Böse›, ‹Genealogie der Moral› und ‹Götzen-Dämmerung› ausgesprochen hat. Schon in meinem 1886 erschienenen kleinen Buche ‹Erkenntnistheorie der Goetheschen Weltanschauung› kommt dieselbe Gesinnung zum Ausdruck wie in den genannten Werken Nietzsches.» (Rudolf Steiner, «Friedrich Nietzsche. Ein Kämpfer gegen seine Zeit», GA 5, S. 9) Und Steiners Frühwerk ist durchaus über große Strecken mit Nietzsche kongruent. Dies kommt auch in dem zitierten Buch deutlich zum Ausdruck. Andererseits finden sich im späteren Werk Steiners Aussagen, in denen er eine ganz andere Haltung einnimmt. Er versucht da nicht, seine Gedanken in Nietzsches Werk wiederzufinden, sondern bezieht es vielmehr auf dessen psychische Verfassung und attestiert Nietzsche – schon ganz im theosophischen Vokabular – eine ahrimanische Inspiration (a. a. O. und Dornach, 8. 8. 1924, GA 237, S. 175 f.). Diese Differenz zwischen Früh- und Spätwerk bei Steiner, die er selbst mit aller Gewalt zu relativieren versuchte, ist nicht nur der Grund für meine heutige ambivalente Haltung zur Anthroposophie, sondern an diesem Punkt auch die Erklärung dafür, wie ich ohne wesentliche äußere Einwirkung dem absolut hermetischen Weltbild der Anthroposophie, das ich mir gebastelt hatte, doch noch entkommen konnte: über die Brücke, die der frühe Steiner zu Nietzsche geschlagen hatte und die mich in den Nihilismus als beste Medizin gegen dogmatische metaphysische Wahnvorstellungen führte.

DIE SINGENDE HERRENTORTE

> «Wenn es die Hörer mitreißt, ist es Unterhaltung, wenn nicht, ist es Kunst.»
>
> Louis Armstrong

Die philosophischen Gedanken, die ich bei Nietzsche fand, waren aber nicht die einzige Ebene, auf der ich eine Reise ins Nichts begann. Auch auf einer viel alltäglicheren Ebene fand, etwas zeitversetzt, dieser Prozess statt. Und er war dort letztlich wesentlich wichtiger und folgenreicher als all die tiefschürfenden, aber doch immer abstrakten philosophischen Überlegungen. Zurück aus Italien und wieder in Berlin begegnete mir ein Künstler, der mich so elementar berührte, dass ich noch heute fassungslos darüber sein kann. Ich würde gerne beschreiben können, was dieser Künstler mich empfinden ließ. Als ich zum ersten Mal seinen Werken begegnete, da faszinierten sie mich überhaupt nicht. Ich hielt sie für ulkige, aber unbedeutende kulturelle Randerscheinungen. Es dauerte einige Zeit, bis ich etwas darin bemerkte. Es war, als würde etwas in mir schmelzen, und plötzlich spürte ich, wie dieser Künstler in mir eine ganz verborgene und persönliche Schicht ansprach.

Der Künstler, von dem ich spreche, arbeitet vorwiegend mit Sprache und Musik. Was er auf der Bühne vollzieht, folgt keiner Handlung und Choreografie, enthält keine Botschaft und lässt sich nur schwer einer bekannten Stilrichtung zuordnen. Er ist von Hause aus Musiker und vor allem einer der virtuosesten Jazz-Musiker unserer Zeit. Doch er spielt nicht einfach nur Jazz-Musik, er hat den Geist des Jazz vielmehr von der Musik abgelöst und ihn auf die Sprache übertragen, insbesondere auf seine improvisierten Geschichten. Diese Geschichten oszillieren zwischen einem durchaus erkennbaren Thema, einer surrealen Darstellung, spontanen Einwürfen und dadaistischen sprachlichen Versatzstücken aus dem Alltag, die kreuz und quer hineingestreut werden. Das Ganze präsentiert sich mit eben jener Leichtigkeit und Undefiniertheit, die dem Jazz melodisch und harmonisch zu eigen ist. Auf der Bühne folgt er mit dieser Art der Performance einem ausgeprägten Spieltrieb, der sich immer wieder in sprachlichen Pirouetten und Jonglagen entlädt, die das Publikum in Ekstase versetzen. Ich habe noch keine andere Bühnenshow gesehen, die eine auch nur annähernd so intensive Stimmung zustande gebracht hätte wie dieser Einmann-Zirkus.

Von einem entsprechenden Standpunkt aus betrachtet, kann man das, was er macht, als schiere Albernheit bezeichnen. Und in der Tat vereint er in seinem Werk in gewissem Sinne alles, was in meiner oben geschilderten anthroposophisch-pietistischen Sozialisierung als Kind und Jugendlicher den Inbegriff der Unkultur ausmachte. Er ist eine Collage der Negationen aller kurz zuvor noch für mich gültigen Tugenden. Er ist affektiert und schrill, in grelle, unpassende Farben gekleidet, er blödelt herum, spielt Pop-Musik, mehr noch: Er parodiert klassische Musik, gibt albernes Zeug von sich, ohne jeglichen Anspruch auf eine moralische oder geistige Bedeutung des Inhaltes, bildet Sätze, die kaum einen Sinn ergeben, er verwendet Vulgärvokabular, sagt «Ficken» und «Poppen», lässt jegliche Form von Pathos vermissen, schreckt vor keiner Peinlichkeit zurück, benimmt sich wie ein übermütiges und ungezogenes Kind. Und dies öffentlich!

Ich hatte anfangs mehrere Aufnahmen seiner Werke, sogar einen vollständigen Spielfilm von ihm gesehen, ohne dass mich seine Kunst wirklich berührte. Dabei hatte ich mich da schon genügend aus meiner anthroposophisch-pietistischen Parallelwelt hinausgewagt, um ihn nicht von vornherein in die Abteilung «absolutes Übel» zu stecken. Um aber jene emphatische Beziehung zu ihm zu finden, die ich oben beschrieben habe, bedurfte es der insistierenden Hilfe eines guten Freundes, der aus eigenem Spaß daran nicht müde wurde, mich mit seinen Werken zu versorgen. Ich bin ihm dafür ewig dankbar, auch wenn er sicher so wenig wie ich ahnte, welches Schlüsselerlebnis es für mich war, als ich einer seiner CDs lauschte und sich mir nach dem zweiten oder dritten Mal plötzlich die Ohren öffneten und ich hörend wurde! Was äußerlich den schroffsten Gegensatz zu meinem bisherigen ästhetisch-moralischen Wertebild darstellte, berührte mich plötzlich im intimsten Inneren. Und das Besondere war nicht sein extravaganter künstlerischer Stil, nicht die Virtuosität oder die Albernheit. Es war die perfekt auf mich zugeschnittene Verpackung eines Humors, dessen Wesen mich im Innersten traf, in eine Hülle, die den Inbegriff dessen bildete, was ich bis dahin als wertlos und abwegig verurteilt hatte. Ich erlebte eine Kommunion, in der alles moralisch und ästhetisch Wertende zu Staub zerfiel und in einer überirdischen Leichtigkeit aus Satire und Ironie aufgefangen wurde, die nichts verschonten und alles über jedes Urteil hinweg hoben. Ich erlebte eine kindische Freude in dem alles relativierenden und miteinander versöhnenden Lachen. Ich hatte einen neuen Christus in mir gefunden: Helge Schneider!

Helge Schneiders Filme, Lieder und Shows bewirkten in mir eine eigentümliche Wärme, die all die Panzerscheiben meines pietistisch-protestantischen Moralgefängnisses zum Schmelzen brachte und mein Seelenleben der frischen Luft aussetzte. Dass Helge in völlig deplatzierten Plateauschuhen über die erotische Wirkung Beethovens auf ältere Damen philosophiert oder die Verwendung seiner Katze als Stiefelkratzer besingt, ohne dass es vulgär oder abfällig klingt, war nicht deswegen ein Schlüsselerlebnis für mich, weil damit Grenzen überschritten, Tabus gebrochen und sittlicher Ungehorsam geleistet wurde – meine Pubertät war lange vorbei –, sondern weil Helge in seiner unnachahmlichen Weise damit gerade *keine* Grenzen überschritt, gerade *keine* Tabus brach, sondern eine Kunstform jenseits des Tabubruches erschuf. Helge Schneider war nie ein Skandal! Er teilt die Menschheit in glühende Anhänger und den Rest der Welt, der einfach nichts mit ihm anfangen kann. Seine Albernheit, sein Unsinn, sein Verstoß gegen jede Regel ist keine Auflehnung, sondern Gelassenheit gegenüber diesen Regeln. Jenseits von Gut und Böse – eine Formel, die in jederlei Sinne auch auf Helge Schneider anzuwenden ist. All dieser Ernst um Ästhetik, Ethik, Wahrheit und Güte, Pflicht und Ideale, dieses ganze Pathos der Weltverbesserung, das ich mit mir herumtrug, wurde von Helge Schneider seiner abgrundtiefen Albernheit preisgegeben, und ich entdeckte das Menschliche, den Humor, die Freude am Diesseits, den Genuss an der Wirklichkeit frei von ideologischen Überbauten. Ich folgte daher einem der Protagonisten aus Helges Büchern und tat das einzig Richtige: Ich wurde absurd!

Diese Kultivierung des Absurden bedeutete nicht, dass ich nun nur noch in Albernheit versank, aber ich sah auch die «ernste» Kultur, klassische Musik, Philosophie, Literatur und nicht zuletzt Anthroposophie, in einer neuen Perspektive: Sie wurden mir durch Helge nicht verleidet, sondern ich erkannte, dass ich sie nicht um ihres Ernstes und ihrer Weltmission, sondern um derselben Lust willen betrieb und betreiben sollte, die sich in einer Helge-Schneider-Show auslebte. Dass überhaupt nichts anderes sinnvoll sein kann, als das, was ich um dieser Lust willen tue. Es löste sich die Unterscheidung zwischen «ernst» und «albern» auf, zwischen Kultur und Unterhaltung, zwischen hoher Kunst und trivialem Spaß, zwischen Profanität und Heiligkeit. Ich fand im Ernst des Humors von Helge ebenso viel Heiligkeit, wie ich Profanität in affektierter Kulturbeflissenheit finden konnte. Erst viel später fand ich in dem Buch «Missionen» von Sebastian Gronbach das Begriffspaar «grundlegend» und «bedeutend», das diese Relativierung begrifflich in eine neue Struktur bringt und jene qualitative Differenz, die sich in kultureller Betätigung durchaus finden lässt, in ein wertfreies System stellt.

Diese neue Dichotomie aus Grundlegendem und Bedeutendem stellt sich in Konkurrenz zu der alten Dichotomie aus Sinnlichkeit und Geist, die in verschiedenen Begriffen nicht nur die Anthroposophie, sondern latent unsere gesamte mitteleuropäische Kulturgeschichte prägt. Diese stellt mit einer eindeutigen Wertung einen Dualismus auf, in dem das eine, so gut es geht, vermieden, das andere dagegen angestrebt werden soll. Die verschiedenen Ansichten kreisen meist nur graduell um die Frage, inwieweit diese Trennung, Vermeidung und dieses Anstreben gehen kann und soll. Auch hier haben wir letztlich eine Erscheinungsform jenes Guten und Bösen, über das sich der Übermensch Nietzsches philosophisch und Helge Schneider künstlerisch hinwegsetzt. Die Dichotomie Grundlegend versus Bedeutend hingegen greift in jene Relativierung von Gut und Böse hinein, indem keiner der beiden

Seiten eine Wertung zugeordnet wird. Beide Begriffe sind positiv belegt, ohne dass sie relativiert werden. Sie greifen eine Struktur unserer Wirklichkeit auf, die durchaus in vielen Fällen mit jenen Unterscheidungen, wie sie zwischen Sinnlichkeit und Geist getroffen werden, übereinstimmt. Doch sie kommen ohne die Wertung Gut und Böse aus. Als *grundlegend* verehren wir all das, was unserem Sein seine Wirklichkeit gibt, was uns erhält, was unsere Natur ausmacht und worin wir ganz unmittelbar das Dasein erleben. Das ist oft der sinnliche und natürliche Teil des Lebens, aber nicht nur. Auch so etwas wie Sprache – Buchstaben, Laute, Grammatik – hat einen ganz grundlegenden Charakter, obwohl Sprache nur bedingt als sinnlich und natürlich zu bezeichnen ist. Zugleich erklimmt aber Sprache auf dieser Grundlage als ausgeprägte kulturelle Betätigung höchste geistige Höhen und ist Medium für einen großen Teil dessen, worin wir Bedeutendes sehen: Dichtkunst, Wissenschaft, Philosophie, Kommunikation, Gebet und Befehl. Als *bedeutend* verehren wir dasjenige, was unserem Sein Sinn verleiht. Doch sowenig Gedicht und Buchstaben voneinander zu trennen sind, sowenig ist Bedeutendes und Grundlegendes zu trennen. Es sind zwei wesentliche Aspekte einer einzigen und einigen Wirklichkeit, die keiner Wertung unterliegen, sondern um einer Struktur willen neutral unterscheidenden Charakter haben. Und so gibt es im Leben Zeiten für Bedeutendes und Zeiten für Grundlegendes. Aufs Klo gehen und sich die Nasenhaare schneiden ist grundlegende Körperpflege; Eurythmie und Ballett sind bedeutende Körperpflege. Das eine wie das andere hat seinen Ort und seine Zeit. Aber keines ist wichtiger, höher, edler, anständiger oder moralischer als das andere. Eine Wertung, die in letzter Konsequenz auf Gut und Böse zielt, entfällt bei diesem Begriffspaar. Insbesondere das Grundlegende wird rehabilitiert und als unverzichtbare Hälfte der ganzen Wahrheit in den Fokus gerückt. Nicht um relativierend so zu tun, als sei aufs Klo gehen so bedeutend wie eine Beethoven-Symphonie, sondern um zu zeigen, dass das Grundlegende nur die andere Seite des Bedeutenden ist, dass aufs Klo zu gehen zur Wirklichkeit gehört wie Beethoven, dass es in seiner Art ebenso gepflegt und kultiviert werden darf und soll wie das Bedeutende, aber eben als Grundlegendes und nicht als Bedeutendes.

Die Haltung, die hinter dieser Unterscheidung zwischen Grundlegendem und Bedeutendem steht, wie sie Sebastian Gronbach in sehr anschaulicher Weise in seinem angeführten Buch «Missionen» aufgezeigt hat, atmet die Gelassenheit von Nietzsches «Jenseits von Gut und Böse», ohne dabei im bloßen Relativieren und Negieren zu verharren. Und der Ausbruch aus meinem konventionellen Wertekatalog mit Helge Schneider war das Verlassen meines Trampelpfads der Sittlichkeit, nicht aber das Negieren der moralischen Prinzipien und Ersetzen durch andere. Ebenso wenig bedeutete es, Moral als Qualität des Handelns zu relativieren oder zu ignorieren, sondern den moralischen Prinzipien gegenüber jene Gelassenheit zu entwickeln, die alles zulassen kann, ohne es zu glorifizieren, und auf alles verzichten kann, ohne es zu verdammen. Meine sozialisierten Wertvorstellungen nicht auszutauschen oder zu verwerfen, sondern sich von ihnen zu emanzipieren, das regte Helge Schneider in mir an. Statt über alles meine anthroposophisch geeichte Nase zu rümpfen, was nicht von vornherein erkennbar meinem Werteschema entsprach, begann ich geradezu Lust daran zu finden, ausgerechnet das aufzusuchen, was mich abstieß, was ich unästhetisch fand und für wertlos hielt. Das aus dem Griechischen stammende Wort Ästhetik (aisthesis = Wahrnehmung) verweist denn auch in seinem Ursprung nur auf den wahrnehmlichen Charakter und nicht auf ein Werturteil. Ästhetik ist nicht mit Schönheit gleichzusetzen, sondern mit so etwas wie dem sich Ergötzen an der Wahrnehmbarkeit. So hat auch das Hässliche seine Ästhetik und erhält seine Wertung nicht aus sich, sondern aus dem Betrachter. Ästhetik jenseits von Schön und Hässlich zu genießen, sich an der Form des Wahrnehmbaren zu ergötzen und gerade im Unbekannten und vermeintlich unsympathischen auf Entdeckungsreise zu gehen, ist eine Erfahrungsdimension, der ich mich nun gezielt hingab.

Darin lag ein außerordentlich befreiendes Moment. Nicht nur, weil ich frühere ästhetische Vorurteile abbaute, sondern weil diese Form der ästhetischen Betrachtung der Welt, das heißt die Wahrnehmung der Erscheinungen allein im Hinblick auf deren wahrnehmbare Form, deren Ästhetik, ohne Berücksichtigung ihrer sonstigen Bedeutungen und Zwecke, etwas ganz Neues für mich war. Denn in meinem anthroposophischen Weltbild war Ästhetik immer dem geistigen Inhalt untergeordnet und nur insofern von Bedeutung, als sie funktional in die Wiedergabe eines geistigen Inhaltes eingebunden war. Die anthroposophische Kunstbetrachtung, so wie ich sie kennengelernt habe, bestand daher auch in weiten Teilen aus Motiv-Interpretationen. Und wo sie formale Aspekte berücksichtigte, wurden auch diese stets unter typologischen Gesichtspunkten in einen Zusammenhang mit geistigen «Wahrheiten» gebracht. Ästhetik um ihrer selbst willen, ohne Verweis auf eine Bedeutung oder zumindest eine Funktion innerhalb eines Bedeutungszusammenhanges, kannte ich zuvor nicht. Über dem anthroposophischen Kunstbegriff thronte für mich stets das Zitat von Paul Klee: «Kunst macht sichtbar», womit ihr von vornherein ein bloß funktionaler Charakter im Hinblick auf die hohen geistigen Wahrheiten zugeschrieben wurde. Ich bin kein Kunsthistoriker und habe keine Ahnung, ob Paul Klee das tatsächlich so meinte. Er wurde aber immer wieder von Anthroposophen mit diesem Ausspruch als Referenz für die anthroposophische Auffassung von Kunst zitiert. Und man kann ja keineswegs behaupten, dass Anthroposophen Kunst gering achten. Ich muss sogar sagen, dass der Respekt vor Kunst eine der wertvollsten Gaben aus meiner elterlichen Erziehung ist. Dennoch hat der auf geistige Inhalte ausgerichtete Kunstbegriff zu einer Einseitigkeit geführt, die das reine Spiel mit Ästhetik, frei von Bedeutung und frei von einer Beurteilung nach Schönheitskriterien, komplett ausklammerte und in den Bereich des Trivialen oder sogar Vulgären abschob.

Diese Einseitigkeit aber wurde durch die Entwicklung, die auf meine Taufe durch Helge Schneider folgte, ausgeglichen und ich konnte plötzlich in allem Wahrnehmbaren den Reiz des Wahrnehmbaren erkennen. Ich musste nicht mehr die Dinge nach albernen Mustern beurteilen. Ich musste keine Unterscheidung zwischen Klassik, Jazz und Pop machen, ich konnte ins Kino gehen, auch wenn Filme liefen, die ich früher schon allein aufgrund ihres Genres ausgeschlossen hätte. Ich konnte mich an Bildern erfreuen, ohne nach dem geistigen Kern dahinter suchen zu müssen. Noch einmal: Das bedeutet nicht, dass alles gleichgültig und jeder Anspruch relativiert wurde. Es gibt durchaus gute und schlechte Filme. Aber das ist keine Frage des Genres und hat nichts mit dem Thema zu tun; es liegt auch nicht daran, ob Gewaltdarstellungen, Sex oder Zeichentrickfiguren zu sehen sind. Es liegt allein daran, wie mit Ästhetik umgegangen wird, wie sehr mich das Wahrnehmbare in seinen Bann zieht, auch wenn es hässlich ist, wenn es mich abstößt, Triviales zeigt und keinerlei «geistige Bedeutung» transportiert.

Infolge dieser Öffnung, die Helge Schneider bewirkt hatte, entstand aber noch etwas wesentlich Bedeutsameres: Durch das Abschütteln der ästhetischen Bewertungsneurose verlor ich auch jenen anerzogenen Zwang, meine Mitmenschen zu beurteilen, sie nach mehr oder weniger äußerlichen Merkmalen zu bewerten, sie insbesondere nach ihrer äußeren Erscheinung und nach dem, womit sie sich beschäftigen und was sie schön und gut finden, in Kategorien zu stecken, sie in *«anthroposophically correct»* und *«anthroposophically not correct»* einzuteilen.

Ich war richtiggehend betört davon, was mir an Erfahrungsqualität plötzlich offen stand. Ich erlebte es wie eine Heimkehr nach langem Exil, als ich endlich alle Menschen in mein Herz aufnehmen konnte, keinen beurteilen und verurteilen musste, alle lieben konnte, nicht weil sie mir gleich, sondern weil sie mir ungleich waren. Ich fiel zwar nun nicht jedem auf der Straße um den Hals, aber ich fühlte geradezu eine erotische Faszination bei dem Gedanken daran, mich ausgerechnet mit den Dingen beschäftigen zu können, die mir bisher völlig abwegig erschienen. Aber natürlich auch mit jenen Dingen, die mich immer schon faszinierten, nach denen ich mich sehnte und die Lust in mir erzeugten, die ich aber aufgrund meiner abstrakten Werturteile verworfen und unterdrückt hatte. Ich begann – im übertragenen Sinne, aber auch ganz konkret – Dinge zu mir zu nehmen, die ich bislang verachtet hatte, und entwickelte Freude daran, wie sich die Vorbehalte in eine ganz neue Geschmacks- und Genusserfahrung wandelten. Nicht nur dass Sellerie, Walnüsse, Marzipan, Kakao, Oliven und andere nie für genießbar gehaltene Dinge auf meinen Speiseplan rückten, sondern plötzlich stand das ganze Sammelsurium an «niederen», «triebhaften», «technisierten», «materialistischen», «ungeistigen», «trivialen», «ichschwächenden» Dingen, das durch Erziehung und eigene anthroposophische Weltanschauung in den schwarzen Setzkasten mit der Überschrift «Ahriman und Luzifer» gepackt war, fröhlich grüßend vor mir. Und es wäre geradezu peinlich aufzuzählen, was da so alles dazugehörte. Aber diese Liste besteht nicht nur aus aufzählbaren Gegenständen und Sachverhalten. Sie enthält vor allem sehr subtile ästhetische und moralische Kriterien, nach denen ganz unverfängliche Dinge plötzlich unter das Verdikt der Geistlosigkeit hatten gestellt werden können. Ein klassisches Theaterstück, für sich gesehen auf der Pro-Seite anzusiedeln, konnte durch Kleinigkeiten in der Inszenierung seinen Rang verlieren, beispielsweise wenn elektronische Musik verwendet wurde, wenn die Inszenierung allzu modern daherkam oder jemand nackt auf der Bühne zu sehen war.

Nicht Gleichgültigkeit, sondern eine Erweiterung der Erfahrungsmöglichkeit resultierte daraus. Sympathie und Antipathie waren nicht länger nur Reflexe, die mein Handeln bestimmten, sondern sie wurden in gewissem Sinne zu Wahrnehmungsorganen, die mir zusätzliche Informationen über die Dinge, insbesondere aber über mich gaben, sodass ich dann nicht reflexartig handelte, sondern mich unter Einbeziehung dieser Informationen entscheiden konnte. Und natürlich ist das Sympathische auch heute noch sympathisch. Aber ich betrachte es nicht mehr als eine Eigenschaft der Dinge oder der Menschen um mich, sondern als eine solche von mir und meinem Verhältnis zu diesen Dingen. Und insbesondere als eine Eigenschaft, die weder mein Urteil und mein Handeln zu bestimmen hat noch unveränderbar ist.

Das Verzwickte daran ist, dass ich damals, als ich noch in meinen anthroposophischen Rastern dachte, überhaupt nicht merkte, wie schematisch ich urteilte. Ich hätte sicherlich diesen Vorwurf weit von mir gewiesen und die anthroposophischen Raster als wertfreie, objektive Merkmale bezeichnet, die nur zur Charakterisierung, nicht aber zur Verurteilung dienten. Ich hätte darauf bestanden, dass ich gerade durch die Anthroposophie tolerant und verständnisvoll gegenüber «Nicht-Anthroposophen» wäre, ohne zu bemerken, dass gerade darin schon die Anmaßung liegt. Ich hätte darauf beharrt, dass ich für all das, was ich ablehnte, über objektive Kriterien verfügte und dass ich nicht die Menschen, sondern nur ihr Tun verurteilte, ohne zu begreifen, dass das überhaupt nicht zu trennen ist und nicht das einzelne Urteil das Problem war, sondern dass ich überhaupt eines für nötig befunden hatte. Wir sind ja geradezu besessen vom Urteilen. Man versuche nur einmal, sich ein Kunstwerk anzuschauen, ein Musikstück anzuhören oder ein Gericht zu verkosten, ohne dabei sofort ein Werturteil zu bilden: Schmeckt gut, schmeckt schlecht, ist schön, ist nicht schön, gefällt mir, gefällt mir nicht. Die erste Frage, die sich Kinobesucher nach dem Verlassen des Kinos durch den Hinterausgang stellen, ist regelmäßig: «Und? Wie fandst Du den Film?» Dabei habe ich schon die weitreichendsten Inspirationen und Anregungen durch die allerschlechtesten Filme erhalten. Was kümmert mich da mein Geschmacksurteil? Nichts ist für das Universum unbedeutender als mein Geschmacksurteil. Können wir uns nicht davon befreien und nur die Ästhetik der Werke wahrnehmen? Können wir nicht einfach die Farben, die Formen, die Töne, die Intervalle, den Geschmack, den Geruch wahrnehmen und in ihrer Qualität genießen, ohne sie in ein Raster von Kategorisierungen, Typisierungen und Wertungen einzuordnen, und sei dieses Raster auch noch so «lebendig» und «geistig»? Und können wir nicht fast überall im Alltag, insbesondere im Umgang mit Menschen, auf diesen Zwang zur Beurteilung und Verurteilung verzichten?

Unter Anthroposophen, wie ich einer war, wird dieser Zwang zur lebensbestimmenden Neurose. Denn durch die Anthroposophie werden nicht nur die Kategorien der Bewertung ausgefeilter und vielfältiger, eingebunden in ein komplexes weltanschauliches System, sondern sie zielen auch unmittelbar in jeden noch so nebensächlichen Bereich des Alltags hinein und tragen angesichts der welttragenden Mission der menschlichen Entwicklung vom Alten Saturn bis zum Vulkan ein Pathos, das keinen Raum mehr für Humor und Gelassenheit lässt. Denn dieses Pathos, das sich mit Verweis auf die Menschheitsmission für besonders altruistisch hält, ist in Wahrheit eine besonders gesteigerte Form von Egozentrik und Intoleranz.

So hätte ich in meiner besten anthroposophischen Zeit Helge Schneider sicherlich nach 3 bis 4 Sekunden schon verworfen, weil er mit anti-pietistischen und anti-anthroposophischen äußeren Merkmalen nur so um sich wirft. Ihn als «neuen Christus in mir» zu bezeichnen hätte ich womöglich als Ausdruck einer ahrimanischen Inspiration diagnostiziert und folglich mit all meiner ideologischen Verbissenheit verdammt. Man muss ja durchaus erkennen, dass durch die ideologisierte Brille der anthroposophischen Weltenmission der Menschheit eine solche Bemerkung erst in ihrer Rezeption mit einer Bedeutung aufgeladen wird, die der Autor ihr niemals beigelegt hat und die sie erst zu dem macht, als was ein solcher Leser, wie ich es gewesen wäre, sie dann verurteilt. Man muss ja Helge Schneider keineswegs lustig und gut finden. Es ist kein Zeichen von Intoleranz, wenn man einen individuellen ästhetischen und moralischen Geschmack hat. Er ist eben auch nur der Christus in *mir*. Aber in dieser moralischen Überzeichnung und pathetischen Übersteigerung der Reaktion auf alles, was vom eigenen ästhetisch-moralischen Trampelpfad abweicht, in der zwanghaften Vorstellung, alles habe eine Bedeutung für die Weltentwicklung und müsse unbedingt entweder förderlich oder schädlich sein, liegt die Borniertheit und Intoleranz einer solchen Ideologie, wie ich sie vertreten hatte.

Welch ein Erlebnis, sich davon befreien zu können!

PRINZIPIEN UND INDIVIDUALISMUS

«Zweifel ist der Weisheit Anfang.»
René Descartes

Friedrich Nietzsche und Helge Schneider waren natürlich nicht die einzigen Hebammen meiner Emanzipation. Ich habe sie nur als prominente Beispiele herausgegriffen. Zu erwähnen ist da insbesondere noch jene Rudolf-Steiner-Mailing-Liste («RSL»), die 1997 gegründet wurde und in der sich eine äußerst heterogene Schar von Steiner-Interessenten zusammenfand, die in einer für mich bis dahin ungewohnt offenen, kontroversen, geistreichen und intensiven Art miteinander diskutierten. Nicht nur über Anthroposophie, sondern über beliebige Themen, vom Sinn des Lebens bis zu neuen Kochrezepten.

Ich hatte mich damals, als ich dank meinem ersten Internet-Anschluss auf diese Mailing-Liste stieß, äußerlich und innerlich am weitesten von der Anthroposophie entfernt, und so ging ich mit großer Skepsis auf dieses ohnehin noch etwas mysteriöse Medium zu. Ich merkte aber bald, dass ich dort Menschen traf, die ebenso wie ich die Anthroposophie sehr gut kannten, zugleich aber in einem diskreten Sicherheitsabstand zu ihr lebten. Einige dieser Diskussionen regten mich zu einer Fortführung jener Reflexionen an, die mit Nietzsche und Helge begonnen hatte.

Die Anregungen waren natürlich vielfältig. Aber zwei Aspekte möchte ich besonders hervorheben. Zunächst fand ich dort Menschen mit einer geradezu faszinierenden Spannweite in ihrer Weltsicht, die äußerste Gegensätze auf denkbar unprätentiöse Weise miteinander verbinden konnten. Einerseits erlebte ich tiefe Spiritualität, die ganz intensiv den Frieden und die Wärme des Buddhismus atmete. Andererseits Provokationen der esoterischen Harmonie von allzu fundamentalistischen Anthroposophismen, vorgetragen mit scharfem Verstand und Witz, und zugleich konsequent liberale, moderne, äußerst humorvolle und aus anthroposophischer Sicht «materialistische», der Gegenwartskultur zugewandte Standpunkte. Immer wieder wurde ich in Diskussionen überrascht von unerwarteten Gegenthesen und einem Überblick über scheinbare Widersprüche sowie ihrer Aufhebung von einem übergeordneten Standpunkt aus, die mich maßlos faszinierten.

Eine besonders rege Debatte entwickelte sich, als über die Lebendigkeit von Begriffen diskutiert wurde. Die Beteiligten waren sich noch einig darüber, dass die Begriffe, um nicht zu leeren Schablonen zu gerinnen, möglichst immer wieder neu und mit anderen Worten beschrieben werden müssten, so dass gerade durch den Bruch mit dem gewohnten Namen der eigentliche Begriff aus dem unmittelbaren Denken heraus neu gebildet werden kann. Als jedoch der Vorschlag kam, im Sinne dieser Erkenntnis nun einmal den Begriff «Christus» durch «Geilman» zu ersetzen, hagelte es bitteren Protest. Ein Teil der Listenmitglieder sah darin offene Blasphemie und die schiere Verunglimpfung des heiligsten Inneren der Anthroposophie. Es entwickelte sich ein erbitterter Streit, Listenmitglieder, darunter ich selbst, wurden ausgeschlossen, was schließlich zu einer Aufspaltung der Liste führte.

Für mich waren mit diesem Ereignis zwei Erkenntnisse verbunden. Zum einen erlebte ich dort in einer für mich trotz allem überraschenden Schärfe eine absolute ideologische Schranke, die einige auch in dieser grundsätzlich liberalen Gruppe nicht zu überschreiten bereit waren. Während einerseits die Kontingenz und Oberflächlichkeit der Wörter im Gegensatz zum lebendigen Begriff diskutiert wurden, zeigte sich durch den provokanten Vorschlag, dass einige Worte offenbar nicht zur Disposition standen. Hier war plötzlich das Wort wichtiger als der lebendige Begriff. Dies musste umso mehr befremden, als es doch eigentlich um einen der (zumindest in gewisser Hinsicht) zentralsten Begriffe der Anthroposophie ging. Musste man nicht in der Tat diesen am allerlebendigsten halten?

Zum anderen aber spürte ich auch, dass ich noch gar nicht so weit davon entfernt war, selbst auf der Seite der Verteidiger des «Christus» gestanden zu haben. Ich spürte durchaus noch die Provokation, die in diesem Angriff lag, und mir wurde klar, dass ich zwar auf einem Weg war, meine bis dahin für unverrückbar gehaltenen Prinzipien aufzubrechen, dass ich sie aber einerseits so stark verinnerlicht hatte, dass sie sich nur langsam und widerspenstig aufweichen ließen, und dass ich andererseits noch so viele Prinzipien und für selbstverständlich gehaltene Denkmuster und Wertungen mit mir herumtrug, die mir so normal und objektiv erschienen, dass ich sie zunächst überhaupt nicht als willkürliche Voraussetzungen erkannte. Hier waren die Gespräche mit einigen der Listenteilnehmern, später auch in persönlichen Begegnungen, von Bedeutung für mich, weil sie in einer ganz besonderen Weise konsequent und intelligent mit einem Minimum an solchen Prinzipien auskamen.

In dieser Reduktion von Prinzipien liegt der zweite Aspekt, den ich ausführen will. Eines meiner Lieblingsworte, das in den Diskussionen häufig fiel, ist das «All-Eine», die Vorstellung der alles in sich fassenden, aber dennoch sich immer selben, einen Identität des Seins. Im Prinzip konnte man so gut wie jedes Phänomen auf dieses All-Eine reduzieren, was reflexionsmethodisch natürlich kein wirklich befriedigendes Ergebnis ist. Die Reduktion selbst aber und ihre prinzipiell endlose Durchführbarkeit bis zu diesem logisch notwendigen Nullpunkt warf ein neues Licht auf die Phänomene und insbesondere die Begriffe und Voraussetzungen, die wir beim Denken gerne machen. Dabei war dieses All-Eine aber kein leeres Prinzip, keine übergeordnete Einheit, kein versteckter Gottesbegriff, der die Dinge in irgendeinem abstrakten Sinne zusammenfassen sollte, sondern eine Reduktion ins Konkrete hinein. Sie schälte die Phänomene solange aus abstrakten Überbegriffen heraus, bis das reine Phänomen in seiner Einheit und zugleich Universalität freigelegt war. Ich werde an einem Beispiel erläutern, was damit gemeint ist.

Viele Diskussionen, gerade über ethische, gesellschaftliche und politische Themen, lassen sich in ihrer Struktur meist auf einen sehr grundsätzlichen Konflikt zurückführen, der auf einem der zentralen Begriffspaare der praktischen Philosophie basiert: dem Konflikt zwischen Egoismus und Altruismus. Ob dies auf politischer Ebene der Gegensatz zwischen staatlicher oder gemeinschaftlicher Verantwortung und individuellen Interessen ist, ob es um die Frage geeigneter Wirtschaftsformen zwischen egoismusbasiertem Kapitalismus und altruismusbasiertem Kommunismus geht, um das Zusammenleben in großen oder kleinen Gemeinschaften, wo ebenfalls zwischen Einzelinteressen und Gemeinschaftsinteressen abgewogen werden muss, oder ganz allgemein um moralische Abwägung – das Grundmuster ist stets dasselbe: Egoismus versus Altruismus. Dabei hat der Altruismus ein durchaus moralisch positives Flair, während der Egoismus moralisch eher negativ belegt ist.

Viele ethische Ansätze scheinen geradezu darauf hinauszulaufen, den Egoismus als Mitgift der Natur durch den Altruismus, als Prinzip des zivilisierten Menschen, zu bekämpfen und schließlich zu überwinden. Auch in meinem anthroposophischen Weltverständnis stand dieses Bild irgendwo im Hintergrund. Auf der anderen Seite brachte aber diese Anthroposophie auch einen äußerst starken Individualismusbegriff mit sich, der wiederum dem Egoismus zuspricht, wenngleich in einer zumindest gemäßigten, altruismuskompatiblen Form. Mir schien das Ideal damals nicht die Auslöschung des Egoismus zu sein, sondern eine gewisse stabile Harmonie zwischen diesen beiden konkurrierenden Prinzipien. An dieser Auffassung, diesem Prinzip, hielt ich lange fest. Bis ich dem Homo Ökonomikus begegnete.

Der Homo Ökonomikus ist zunächst der idealtypische, auf eigenen Vorteil bedachte Vertreter der wirtschaftstheoretischen Modellvorstellung. Man kann diesen Typus aber verallgemeinern und in ihm den Menschen als solchen sehen. Der selbst handelnde Mensch ist nicht nur von Natur aus, sondern notwendigerweise auf sich selbst fokussiert. Sein Tun erfolgt immer aus eigenem Antrieb und Interesse. Auch dann, wenn er im Interesse seiner Mitmenschen oder gar eines abstrakten Gemeinwohls handelt: Es ist dann sein Interesse, für diesen Mitmenschen oder das Gemeinwohl etwas zu tun. Altruismus ist demgegenüber, konsequent zu Ende gedacht, nur ein abstrakter Begriff. Sofern er nicht einfach zur Bezeichnung des egoistischen Interesses am anderen Menschen dient, sondern ein dem Egoismus entgegenstehendes

Prinzip darstellen soll, ist er ohne Inhalt. Denn nicht im eigenen Interesse zu handeln hieße, überhaupt nicht zu handeln, ja überhaupt nicht selbst zu sein. Der Gemeinsinn entwickelt sich beim Homo Ökonomikus nicht aus einer Zurückdrängung des Egoismus, sondern einerseits durch Zweckaltruismus, also das stillschweigende Abkommen einer auf Gegenseitigkeit beruhenden Hilfe oder Toleranz, und andererseits durch eine Ausdehnung des Egoismus auf die ganze Welt. Der größte, zugleich aber auch «altruistischste» Egoismus macht die ganze Welt zu seinem Privatanliegen!

Es ist hier nicht der Ort, diese Argumentation weiter auszuführen – ich werde in einem späteren Kapitel noch darauf zurückkommen –, sie soll nur ein Beispiel für eine methodische Reflexion sein, wie sie sich bei mir durch solche und ähnliche Diskussionen entwickelte. Denn es sind gleich zwei ganz wesentliche Aspekte, die sich dabei für mich klärten: Einerseits ist zu erkennen, dass Egoismus und Altruismus keineswegs gleichwertige Prinzipien sind, die miteinander konkurrieren. Vielmehr ist das eine im anderen aufgehoben. Egoismus ist ein universelles Prinzip, dem der Mensch überhaupt nicht entkommen kann. Altruismus hingegen ist eine Folge des interagierenden Egoismus. Der scheinbare Dualismus dieser Begriffe, der zu endlosen Streitereien führen könnte, ist dadurch aufgelöst. Das Prinzip ist quasi auf das «All-Eine» zurückgeführt. Auf der anderen Seite zeigt sich in dieser monistischen Reduktion, dass Altruismus und alle Prinzipien, die damit verbunden sind, abstrakte Überbegriffe darstellen, die nicht der Anschauung und Erfahrung entnommen sind. Sie entstammen vielmehr Idealen und schlimmstenfalls Ideologien, die sich nicht an der konkreten Wirklichkeit, sondern an einer abstrakten Vorstellung orientieren. Denn Gemeinschaft und mehr noch Gemeinwohl sind keine Phänomene, sondern abstrakte Begriffe, Hypostasierungen der Interaktion zwischen realen Einzelpersonen. Einer Gesellschaft kommt in keinem Falle eine gleiche Realität zu wie dem einzelnen Menschen, und daher sind Altruismus und soziale Ideen zwar edle Absichten, aber sie können dem Individuum nie vorangehen, weil sie letztlich nur aus dem egoistischen Interesse eines oder mehrerer Individuen als Projektionen hervorgegangen sind.

Sicherlich wäre hier noch vielen Einwänden gegen diese Position zu begegnen. Darum geht es mir aber im Moment nicht. Was ich an diesem Beispiel verdeutlichen möchte, ist nur die Denkbewegung, die hinter dieser Idee steckt und die ich in den Diskussionen, nicht nur zu diesem Thema, für mich als echte Erlösung erlebt habe. Ich nenne es provisorisch «Prinzipienphänomenologie». Es hat mich befreit von vielen unbefriedigenden inneren Disputen, in denen ich, wie zwischen Egoismus und Altruismus, hin und her gerissen war, weil ich mich an scheinbar unhintergehbare Prinzipien gehalten habe, deren Abstraktheit und Bedingtheit mir nicht aufgefallen ist. Die Auflösung dieser Prinzipien führt nicht unbedingt zu einer radikalen Veränderung der eigenen Haltung, aber sie gibt eine klare gedankliche Basis ab, die nicht aus ideologischen Voraussetzungen, sondern aus konkreten Phänomenen besteht. Ich habe durch diese Prinzipiendämmerung, im Verbund mit einer Haltung, die ich als radikale spirituelle Diesseitigkeit bezeichnen würde, viele meiner Standpunkte grundlegend verändert oder zumindest radikalisiert. Nicht nur gegenüber der Anthroposophie, deren ideologischen Anteil ich verwarf, sondern auch in meinen philosophischen und gesellschaftspolitischen Ansichten.

Die erwähnte Mailing-Liste, die damals ein avantgardistisches Medium war und für uns in etwa das darstellte, was heute Facebook ist, wies, abgesehen von der Virtualität des Mediums, einen gravierenden Unterschied zu persönlichen Bekanntenkreisen auf: Die Auswahl der Teilnehmer war durch den relativ allgemeinen thematischen Anlass «Rudolf Steiner» weder an Raum und Zeit, noch an berufliche oder private Interessen und Arbeitszusammenhänge geknüpft. Und so traf ich dort in einer sagenhaften Heterogenität Menschen an, mit denen mich wahrscheinlich ohne dieses Medium nie etwas zusammengeführt hätte und mit denen ich nie in einen so intensiven Austausch geraten wäre. Auch und gerade weil ich sie nicht persönlich mit all ihren sinnlichen Attributen und ihrer Lebensumgebung vor mir hatte. Ich lebe seit über zehn Jahren mit diesen Menschen zusammen, und eine Reihe davon habe ich noch nie persönlich getroffen, zähle sie aber dennoch zu meinen besten Freunden. Bei der persönlichen Begegnung, insbesondere der ersten, fällt mir regelmäßig auf, wie unverstellt und intensiv man diesen Menschen im virtuellen «Raum» kennenlernen kann, während man sich in der persönlichen Begegnung erst durch einen dichten Kokon aus sinnlichen Ablenkungen und sich daran knüpfenden Vorurteilen, aus Rollen und Verstellungen – auch den eigenen! – kämpfen muss. Das lag allerdings auch in hohem Maße an der Liste selbst, die einfach durch ihre Mitglieder eine Form hatte und bis heute bewahrt hat, die ich in dieser Art nicht ein zweites Mal gefunden habe.

Durch die besonderen Begegnungen in dieser Liste hatte ich also die Möglichkeit, fremde Lebensentwürfe und Lebenseinstellungen kennenzulernen, die ich nicht nur aus meiner anthroposophischen, sondern auch aus meiner linksintellektuellen Sozialisierung heraus früher für völlig abwegig gehalten hätte, denen ich aber in diesen Menschen in völliger Authentizität und positiver Innenperspektive begegnete. Dies hat im Verbund mit jener so bezeichneten Prinzipienphänomenologie dazu geführt, dass ich über die Jahre sowohl mein philosophisches Weltbild zentriert und radikalisiert, als auch in meinen politischen und lebenspraktischen Einstellungen zu Positionen gefunden habe, die teilweise in andere Richtungen weisen als früher, insbesondere aber auch mit meinen spontanen Sympathien und Intuitionen übereinstimmen, und dass ich diese nicht mehr aus abstrakten Prinzipien heraus bekämpfe. Ein möglichst voraussetzungsarmes, wertungsfreies Urteil aus dem konkreten, an den Einzelheiten und vor allem am einzelnen Menschen orientierten Wirklichkeit integriert die natürlichen Voraussetzungen des Menschen, seine Instinkte, Triebe und Emotionen, statt sie mit abstrakten Ideologemen wie Gemeinwohl oder Altruismus als Amoral zu diskreditieren oder sogar zu versuchen, eine gesellschaftliche Norm gegen die Natur des Menschen zu etablieren, die notwendigerweise pervertieren muss. Basis einer echten Sozialität ist das Aufeinandertreffen von realen Ideen und Interessen konkreter und autonomer Individuen und die institutionelle oder spontane Gestaltung dieser Prozesse in sozialen Formen.

Ich bin in diesem Sinne heute bekennender Anhänger einer radikal libertären Politik. Ich vertrete einen konsequenten Individualismus, ich verteidige den freien Markt als die dem Individualismus entsprechend beste Wirtschaftsform, ich bin Atheist (auch darauf werde ich noch zu sprechen kommen) und lehne Religionen ebenso wie politische Ideologien, die aus frei erfundenen Zielen und Prinzipien Imperative ableiten wollen, rigoros ab. Ich schreibe dies nicht, weil meine Überzeugungen von irgendeiner Bedeutung für den geneigten Leser wären, sondern weil dies einige beispielhafte Positionen sind, zu denen ich auf dem beschriebenen Weg gefunden habe – dem Weg von einer kritischen, wenngleich auch nicht ganz ablehnenden, aber dennoch im Streit der abstrakten Prinzipien zumindest ambivalenten Haltung zu einer klaren Überzeugung. Diese ist in jener Prinzipienphänomenologie, in der radikalen Hinterfragung von Voraussetzungen begründet, deren «Selbstverständlichkeit» und scheinbare Objektivität nur der Gewohnheit und einer Angst vor dem Verlust des eigenen Weltbildes und damit der eigenen Identität geschuldet waren.

III

IN MEMENTO MORI CARPE DIEM

> «Allah gab dem Menschen die Erde und das Wasser zum Leben. Und die Wüste als Geschenk dazu, damit er seine eigene Seele finde.»
>
> Arabisch

Mit dem Abwerfen oder zumindest prinzipiellen Infragestellen meiner bisherigen, anthroposophischen Weltanschauung begann ich zum ersten Mal etwas zu fühlen, das ich bis dahin nicht wirklich kannte: Angst vor dem Tod. Das mag auch meinem Alter geschuldet sein, ich war damals Anfang dreißig. Aber zumindest verstärkt wurde dieses Gefühl durch den Verlust meines bisherigen Glaubens, in dem der Tod nicht nur als Durchgang und Wendepunkt, sondern gar als Aufstieg in die geistige Welt glorifiziert wurde. Und ich sage an dieser Stelle bewusst Glaube, weil alle Aussagen, die Bereiche hinter der Todesschwelle betreffen, auf nichts anderem als Glauben beruhen können, und weil der Tod und seine Mystifizierung letztlich das Zentrum und der Angelpunkt eines jeden Glaubenssystems und einer jeden Religion ist. Und so war für mich die Anthroposophie, insofern sie meine Religion war, auch eine Verleugnung des Todes. Meine Anthroposophie vermittelte mir eine positivistische Vorstellung von der Fortexistenz nach dem Tode und einer Wiedergeburt unter Beibehaltung meiner gegenwärtigen Identität. Sie verschleierte damit die Radikalität des Todes und verschob sie nur auf unbestimmt an das irgendwie denknotwendige Ende all dieser Inkarnationen.

Ich stellte fest, dass ich zum Materialisten geworden war. Das, was Steiner als Geisteswelt darstellte, hatte für mich nicht mehr in jenem unmittelbaren Sinn Gültigkeit wie bisher. Ich sah die Wirklichkeit auf jenen Bereich eingeschränkt, der mir mit meinen Sinnen unmittelbar erlebbar war. Sowohl das, was Steiner als geistige Welt bezeichnete, als auch Reinkarnation und Karma, Tod und nachtodliches Leben, das alles konnte für mich nur noch Bedeutung haben, wenn es sich innerhalb dieser unmittelbaren Realität verorten ließ, was ich übrigens keineswegs von vornherein ausschloss.

Nun ist es aber nicht nur bei Anthroposophen so, dass sie leben, als müssten sie nie sterben. Es ist eine Haltung, die für uns alle im Alltag eigentlich normal ist. Wir handeln nicht ständig aus der Perspektive der Endlichkeit unsers Daseins, sondern wir handeln nach den Erfordernissen der Sache auch weit über jedes menschenmögliche Ende unseres Lebens hinaus. Manches davon könnte einem unbefangenen Blick geradezu lächerlich vorkommen. Aber unser Alltag wäre anders kaum zu bewältigen.

Der Gedanke an den Tod, das Memento mori, stellt nämlich mit einem Mal den gesamten Alltag, ja überhaupt jede Tätigkeit und jeden Plan in Frage. Die ganzen Ketten von Werten, Begründungen und Zwecken, von denen wir unser Handeln leiten lassen, zerfallen angesichts des Memento mori zu nichts. Jedes Ereignis wird bedeutungslos angesichts des Todes, und das Einzige, was Sinn und Wert behält, ist der unmittelbar gegenwärtige Augenblick, der unmittelbare Genuss, der nicht auf ein Später verweist, sondern sich in sich selbst erschöpft: Leidenschaft ist die Motivation des Unmittelbaren. Sie ist die Freude an einer Tätigkeit, die keine weitere Begründung braucht, sondern die aus sich selbst sprießt. Der Ruf der Gegenwart, das Carpe diem, ist der Begleiter des

Memento mori. Der Tod erinnert uns an das Dasein, das unmittelbare, konkrete, gegenwärtige.

Der Reduktion auf das Memento mori, dieses Relativieren aller Werte aus dem Wissen um den Tod heraus, wohnt aber nicht nur der Verweis auf die unmittelbare Leidenschaft bei. Ich erlebte darin vielmehr zunächst ein Gefühl der absoluten Leere und geradezu depressiven Sinnlosigkeit. Alles, was ich anfangen wollte, zerfiel angesichts des Todes augenblicklich in völliger Sinnlosigkeit. Jegliche Suche nach einem Sinn, nach einer Bestimmung, einem Ziel, wofür ich mich einsetzen könnte, wurde durch die kategorische Endlichkeit aller Dinge zunichte gemacht. Mir fehlte jene unmittelbare Leidenschaft für die Gegenwart. Ich hatte sie nie gelernt, weil mein anthroposophisches Weltbild so angefüllt war mit Karma, mit Entwicklung, mit teleologischen Implikationen und fernsten Weltenzielen, auf die hin alles gerichtet sein sollte, dass ich geradezu unfähig war, den Augenblick zu genießen. Ich erlebte dies fast panisch bei meinem neunmonatigen Aufenthalt in Urbino, der mit zum Schönsten zählt, was ich erleben durfte. Es waren nur noch wenige Wochen bis zum Ende meines Aufenthaltes, und ich saß dort in diesem Paradies und war mir bewusst, dass dies einer der schönsten Augenblicke meines Lebens sein müsse und ich ihn genießen sollte. Doch ich wusste nicht wie. Ich sah zwar all die Schönheit, spürte die mediterrane Wärme, die Luft und das Licht, all das, was ich an Italien so liebte. Ich war umgeben von all den Kulturdenkmälern, die ich fleißig studiert hatte. Dies alles war mir bewusst. Aber genießen konnte ich es nicht. Ich saß da und all die Schönheit und Lust zerrann mir zwischen den Fingern. Was blieb, war eine unbändige Sehnsucht, die sich an allem entzündete, was ich sah. Es war mir stets, als müsste hinter den Dingen, hinter dem romantischen Sonnenuntergang, hinter der lieblichen Landschaft, hinter den faszinierenden Formen in Marmor, hinter all der Schönheit, erst etwas Eigentliches sein, auf das diese Schönheiten nur verwiesen, wonach ich mich in Sehnsucht verzehrte.

Diese Sehnsucht war im Grunde nichts anderes als die Kehrseite meines teleologischen Jenseitsglaubens. Und das Memento mori, das mich kurze Zeit nach meinem Italienaufenthalt ergriff, war der Beginn der Erlösung aus dieser Gefangenschaft. Doch zunächst stellte es sich als Angst, als Depression, als Bedrohung dar. Ich begann mich darin aufzulösen, meine Biografie, insbesondere der noch vor mir liegende Teil, verkam zu einem sinnlosen Warten auf den Tod, und ich verfiel einerseits in eine innere Lethargie, andererseits in eine ewige Flucht. Da mir alles, was ich tat, sinnlos erschien und jeder Leidenschaft bar, begann ich nur noch auf das Danach hin zu leben. So, als müsse irgendwann diesem Sinnlosen etwas folgen, das mir Befriedigung verschaffte. Statt mich in die Gegenwart zu stellen, floh ich sie und projizierte meine Sehnsucht in die Zukunft, nur um dort letztlich immer bei der Gewissheit des Todes zu enden.

Aus dieser Depression heraus gab es zwei Wege. Der erste Weg führt zurück in den konstruierten Sinn des Lebens, jenen Sinn, der aus den Vorstellungen gespeist wird, die den Tod ignorieren. Er führt zurück in den Alltag, in dem wir die Dinge nach deren Begriffe beurteilen und den Sinn unseres Handelns aus diesen Begriffen ableiten: Wir reparieren ein Auto, damit es fährt, weil das der Zweck eines Autos ist. Ob das angesichts des Todes sinnvoll ist, fragen wir nicht. Wenn wir es geschafft haben, dann freuen wir uns, weil wir es geschafft haben. Wenn wir es erreichen, einen solchen Zustand wieder herzustellen, wird uns jeder Psychologe für gesund erklären, und wir können glückliche Automechaniker werden.

Diesen Weg habe ich allerdings nicht gefunden. Mich hat das Memento mori bis heute nicht losgelassen. Und daher musste ich einen anderen Weg gehen, einen schwierigeren, aber auch einen interessanteren. Ich musste mitten in die Depression, mitten in den Tod hinein stürzen, mich ganz in dem Memento mori verlieren und es zur idealen Lebenshaltung kultivieren. Das schien zunächst eine paradoxe Situation zu sein, denn das Todesbewusstsein relativiert und negiert alle Motive. Zumindest all jene, die ich bisher kannte. Aber es schafft zugleich Raum für die Frage: Worin finde ich das Motiv für mein Handeln, wenn kein Motiv mehr vorhanden ist, weil alles durch das Memento mori vernichtet wurde? Wie finde ich ein Motiv für mein Handeln aus dem Nichts heraus? Gibt es ein Motiv, das dem Memento mori standhält?

Dieses Motiv fand ich in einem sich über mehrere Jahre hinziehenden und auf ganz verschiedenen Ebenen stattfindenden Prozess. Zum einen fand ich meinen Weg zum Hedonismus als der einzig möglichen Ethik. Zum andern fand ich konstruktivistische Ideen als Synthese aus meiner neuen skeptisch-materialistischen und einer spirituellen Sicht der Welt. Und ich lernte, nicht zuletzt forciert durch eine schwere Krankheit und mit der Hilfe meines Wunderarztes, einen Weg, um in eben diesem Memento mori das Carpe diem zu finden. Ich will im Folgenden nur ein paar Aspekte dieses Weges darstellen, um daran zu verdeutlichen, aus welcher weltanschaulichen Perspektive ich das schreiben werde, was dann im letzten Teil folgt.

WAHRHEIT IST DIE ERFINDUNG EINES LÜGNERS

> «Nicht der Wind, nicht die Fahne: das Bewusstsein bewegt sich.»
>
> Zen-Kôan

In jener Zeit, als ich die Rudolf-Steiner-Liste kennenlernte, begann ich mich, angeregt durch die neuen Bekanntschaften, neu mit der Anthroposophie auseinanderzusetzen. Nicht durch Lektüre, sondern vorwiegend in den Diskussionen im Internet. Ich versuchte nun, eine Einstellung zu dem zu finden, was ich zuvor nur von mir weggeschoben hatte, und dem abgeworfenen Dogma einen neuen, eigenen Standpunkt entgegenzusetzen. Das führte einerseits zu viel Kritik an der Anthroposophie, andererseits aber auch zu spannenden philosophischen Diskussionen. Dabei ergab es sich, dass ich zu einem philosophischen Gesprächskreis eingeladen wurde, der sich in der Folge zwei bis drei Mal jährlich traf und in Anlehnung an Steiners «Philosophie der Freiheit» versuchte, dessen Erkenntnistheorie zu rekonstruieren beziehungsweise zu eigenen erkenntnistheoretischen Aussagen zu kommen.

Mein Studium war zu dieser Zeit gerade dabei, im Sande zu verlaufen, weil mir eine Motivation fehlte, die formalen Hürden und Anstrengungen des ohnehin relativ nutzlosen Abschlusses zu überwinden. Ich hatte mich als Programmierer selbständig gemacht und fand nun in diesem philosophischen Gesprächskreis überraschenderweise exakt jene Arbeitsatmosphäre, die ich eigentlich von meinem Philosophie-Studium erwartet hatte. So sehr dieser Kreis im Umfeld der Anthroposophie angesiedelt war und thematisch von

Steiner ausging, so wenig hatte er doch eigentlich mit dem zu tun, was ich bisher von anthroposophischen Arbeitskreisen kannte. Die Gespräche basierten auf der stillschweigenden Übereinkunft, keinerlei Voraussetzungen anzuerkennen, vielmehr alles einem unmittelbaren denkenden Nachvollzug offen zu halten. Und wir begannen tatsächlich, ganz grundsätzliche Probleme mit offenem Ausgang und in einer nicht nur spekulativ-akademischen, sondern einer echten persönlichen Fragehaltung zu diskutieren. Ich fand dort jene authentische Suche, nach der ich mich mein ganzes Studium gesehnt hatte und um derentwillen ich begonnen hatte, die Anthroposophie zu verwerfen.

In Ansätzen hatte ich damals auch schon eine Richtung für meine Fragen gefunden. Sie lagen durchaus teilweise im Bereich dessen, was in Steiners Frühwerk noch zu finden ist. Im Anschluss an die oben referierten Überlegungen zum Egoismus und insbesondere auch mit Nietzsche und Max Stirner neigte ich zu einer solipsistischen Position, die jegliche Existenz einer Außenwelt auf das eigene Ich zurückführt. Doch richtig zufrieden war ich mit dieser Position nicht. Der eigentlich entscheidende Einschlag kam dann mehr oder weniger durch einen Zufall: Eine befreundete Soziologin beauftragte mich mit der Übersetzung eines Teils ihrer Doktorarbeit. Sie beschäftigte sich schon lange und intensiv mit dem Soziologen Niklas Luhmann und auch ihre Arbeit griff auf dessen Theorien zurück. Da ich nie etwas von Luhmann gelesen hatte, beschloss ich aus diesem Anlass, diese Bildungslücke zu schließen, und las seine «Einführung in die Systemtheorie», eine Vorlesungsreihe aus den Jahren 1991/92.

Und diese Vorlesungen öffneten mir die Augen. Was ich dort fand, war exakt jene Eröffnung einer neuen Perspektive, die ich am Beginn meines Studiums vermisst hatte. Ich fand einen Autor, der mich zusammen mit dem, was ich mitbrachte, in eine neue Dimension führte. Ich habe diese Lektüre unmittelbar in den philosophischen Kreis eingebracht, und das Thema dominierte noch einige Sitzungen lang unsere Gespräche. Als Verleger hat mich Jens Heisterkamp dann ermutigt und mir die Möglichkeit geschaffen, zu diesem Thema mein erstes Buch zu verfassen, das unter dem Titel «Am Anfang war die Unterscheidung» im Info3 Verlag erschienen ist.

In der Systemtheorie Luhmanns, die primär in einer soziologischen Fragestellung gründet, fand ich zwei ganz zentrale und für mich damals völlig neue Gedanken. Neu zumindest insofern ich sie auf meine erkenntnistheoretische Fragestellung anwendete: Beobachtung und Unterscheidung einerseits, Autopoiesis andererseits sind die Kernbegriffe dieser beiden Gedanken. Es gibt, je nach Radikalität und Themenbereich, verschiedene Arten des Konstruktivismus. Ich vertrete eine sehr radikale Form, die nicht unbedingt mit der Position Luhmanns übereinstimmt, aber auf Begriffen von ihm aufbaut, darüber hinaus aber auch durch Lektüre von Heinz von Foerster, Humberto Maturana, George Spencer Brown, Paul Watzlawick und Francisco Varela angeregt wurde. Ich werde diese Begriffe hier nicht detailliert erörtern, sondern mir vielmehr die Bequemlichkeit erlauben, ganz unbescheiden auf mein Buch zu verweisen. Hier möchte ich nur darstellen, was für mich an diesen Begriffen das Neue und im Vergleich zu meiner bisherigen Weltanschauung Revolutionäre ist. Dazu ist es aber erforderlich, zumindest kurz auf den Begriff «Konstruktivismus» einzugehen, weil damit sehr viele Missverständnisse verbunden sind.

Der logische Zungenbrecher in der Kapitelüberschrift – «Wahrheit ist die Erfindung eines Lügners» – ist eines meiner Lieblingszitate, das weitgehend auf einen lyrischen Punkt bringt, wohin das Anliegen des Konstruktivismus zielt. Es ist zugleich der Titel eines sehr lesenswerten Buches von Heinz von Foerster. Er gilt als einer der Hauptvertreter des Konstruktivismus, ist aber stets bemüht, sich so wenig wie möglich mit diesem Wort in Verbindung zu bringen. Dies hat seinen Grund nicht nur darin, dass mit solchen Bezeichnungen stets die Enge von Schubladen verbunden ist, sondern auch darin, dass dieser Begriff sehr leicht zu falschen Ansichten darüber verführt, was damit gemeint ist. Das kann vielleicht am allerdeutlichsten werden, wenn ich eine Definition von Heinz von Foerster anführe, die nach meiner Überzeugung sehr präzise wiedergibt, was Konstruktivismus sein will: «Das, was Konstruktivismus genannt wird, sollte, so meine ich, schlicht eine skeptische Haltung bleiben, die die Selbstverständlichkeit des Realismus in Zweifel zieht.» Konstruktivismus will also keine Theorie darüber sein, wie die Welt beschaffen ist. Er will nicht ein neues Modell der Wirklichkeit anbieten, das wiederum ein mehr oder weniger willkürliches Grundprinzip an den Anfang setzt – in diesem Fall Konstruktion –, sondern er will eigentlich nur eine Anmerkung zu allen anderen möglichen und wirklichen Modellen und Theorien sein: Wie immer deine Theorie der Wirklichkeit aussieht, vergiss nicht, dass diese Wirklichkeit ihre Realität aus deiner Theorie erhält. Dies gilt auf tieferer Ebene analog für jede Beobachtung: Wie immer die Wahrnehmung deiner Wirklichkeit beschaffen ist, vergiss nicht, dass diese Wirklichkeit ihre Realität aus deinem Wahrnehmen (und Denken darüber) erhält!

Der eigentliche Kern dieser konstruktivistischen Auffassung liegt darin, dass nicht jene objektive Außenwelt, auf die sich der Realismus stützt, realitätsstiftend ist, sondern diejenige Operation, die in der Wahrnehmung, in der Beobachtung, in der Theoriebildung diese Wirklichkeit erst als «objektive» hervorbringt. «Konstruktion» darf dabei keinesfalls in einem technisch-mechanischen Sinne verstanden werden. Es handelt sich um keine objektivierbare Konstruktion, sondern um die Entlarvung jeglicher Objektivität als nur bedingt.

Ich möchte die radikale Wendung, die in dieser Idee steckt, an einem anschaulichen Beispiel verdeutlichen. Wenn ich mich als Konstrukteur der Wirklichkeit bezeichne, so bedeutet dies nicht, dass ich Kühe fliegen lassen oder durch Wände gehen kann. Ich kann weder Berge versetzen noch die Umlaufrichtung der Sonne verändern. Ich kann die Gesetze der Natur nicht aufheben, sie sind unumstößlich. Aber – woher wissen wir das eigentlich? Es gibt ja durchaus auch Phänomene, die nicht den Naturgesetzen folgen. Wenn ich an meine Träume denke, an Irrtümer, an meine Wunschvorstellungen vom Fliegenkönnen und so fort, dann sind das alles Phänomene, die nicht den Naturgesetzen folgen. Im Traum kann ich Kühe fliegen lassen, durch Wände gehen, Berge versetzen und die Umlaufrichtung der Sonne verändern. Und nun ist die Frage: Weiß ich, dass dort die Naturgesetze außer Kraft sind, weil es ein Traum ist. Oder bezeichne ich es deswegen als Traum, weil dort die Naturgesetze nicht gelten? Das Letztere ist der Fall! Ich erkenne Träume geradezu daran, dass sie der Kausalität widersprechen. Bei einer kausalitätskonformen Erinnerung, die auch sonst plausibel ist, habe ich möglicherweise überhaupt keine Chance herauszufinden, ob es ein Traum ist oder die Wirklichkeit, an die ich mich da erinnere.

Es ist also keineswegs so, dass wir unseren Beobachtungen die Informationen über die Kausalität entnehmen, sondern es ist so, dass wir anhand der Kausalität entscheiden, ob etwas Natur ist oder Wahnvorstellung! Wenn ich ein Phänomen sähe, das der Kausalität widerspräche, so würde ich mich dadurch in keinem Falle überzeugen lassen, dass die Naturgesetze nun doch außer Kraft gesetzt wurden, sondern ich würde unter allen Umständen nach einer Erklärung dafür suchen und mich lieber einer Illusion oder Wahnvorstellung zeihen, als an der Unumstößlichkeit der Naturgesetze zu zweifeln. Und das hat seinen Grund nicht darin, dass ich sie nicht prinzipiell umstoßen könnte, sondern darin, dass ich sie nicht umstoßen will. Man stelle sich vor, ich müsste bei jedem Schritt prinzipiell befürchten, dass die Gravitation aussetzt oder die Erde nachgäbe und ich in die Tiefe fiele. Ich könnte kein normales Leben mehr führen, die Welt würde zu einem Albtraum.

Die Kausalität ist also kein objektives Gesetz, das wir der Natur ablauschen, sondern es ist ein Kriterium, anhand dessen wir Natur als solcher überhaupt erst eine Realität verleihen. Durch die Unterscheidung zwischen kausalen und nichtkausalen Phänomenen trennen wir die Welt in «Wirklichkeit» und «Traum». Würden wir diese Unterscheidung nicht treffen, so hätten wir eine andere Wirklichkeit, eine magische Natur, in der wir nicht der Kausalität, sondern der Willkür von Dämonen oder Göttern ausgesetzt sind und vielleicht versuchen müssten, diese, statt mit Theorien und Experimenten, mit Ritualen zu beeinflussen. Wie auch immer wir sie konstruieren: Entscheidend ist, dass wir die Natur deswegen nicht willkürlich umkonstruieren können, weil wir sie selber so konstruieren. Die Kausalität hindert uns nicht am

Konstruieren, sie selbst ist unser eigenes Konstrukt. Nicht die fliegende Kuh ist das Konstrukt, sondern der Tatbestand, dass Kühe nicht fliegen können.

Nun kommt aber noch etwas anderes hinzu: Mit dieser konstruierenden Beobachtungsoperation, die ich als Unterscheidung bezeichnet habe und die das eigentliche realitätsschaffende Moment ist, entsteht zugleich mit der Welt auch dasjenige, was ich dann postwendend als das Subjekt dieser Operation bezeichne: ich! Auch die Differenz zwischen Ich und Welt ist ein Teil jener Konstruktion, und sie ist nur insofern besonders, als sie sich eben auf das Konstruieren selbst bezieht und der konstruierenden Operation ein Subjekt schafft. Oder anders gesagt: Aus der Anreihung von Unterscheidungen, die in bestimmter Weise aufeinander bezogen sind, entsteht eine übergeordnete Einheit, die als solche von den Inhalten der einzelnen Unterscheidungen unterschieden wird. Das hinter dieser Idee steckende Konzept bezeichnet Humberto Maturana mit dem Begriff «Autopoiesis». Der Beobachter geht den Beobachtungen nicht voraus, sondern er resultiert aus ihnen. Ich bin nichts anderes als das Gegenbild, der Rest, die Umwelt der so konstruierten Außenwelt. Und das bedeutet insbesondere: Ändere ich die Konstruktion dieser Außenwelt, so ändere ich damit auch mich selbst. Denn die Einheit dieser die Wirklichkeit konstituierenden Unterscheidungen verleiht mir meine Identität. Wollte ich diese Einheit durch einen Streich der Willkür unterbrechen, um die Welt spontan und beliebig umzugestalten, so wäre dies durchaus möglich, aber mit dem Verlust meiner Identität verbunden. Als Psychiater würden wir dies als Psychose bezeichnen. Der Glaube an die Unverrückbarkeit der Wirklichkeit ist nichts anderes als der Selbsterhaltungstrieb unseres Egos.

Mit diesen beiden konstruktivistischen Konzepten, dem der Operationalität in Beobachtung und Unterscheidung und dem der Autopoiesis, die ich hier in der Kürze leider nur höchst unzulänglich darstellen kann und für deren Vertiefung ich den geneigten Leser auf entsprechende Literatur verweisen muss, standen zwei Ideen vor mir, die mein gesamtes Wirklichkeitskonzept umstülpten. Sie revidieren zwei der wahrscheinlich konsolidiertesten Grundideen der mitteleuropäischen Geistesgeschichte. Dass nicht die objektive Wirklichkeit, nicht ein Gegenstand, eine Substanz, ein Geistwesen oder irgendein Substrat am systematischen Anfang des Seins steht, sondern eine Operation, aus der sowohl Subjekt wie Objekt hervorgehen, ist für die europäische Geistesgeschichte geradezu revolutionär. Schon unsere Sprache und mit ihr unsere Logik bauen auf einer Struktur auf, in der jede Operation, jeder Akt, jedes Prädikat fundamental ein Subjekt voraussetzt. Dass die Operation aber das Primäre sei, widerspricht unserer gesamten Alltagserfahrung. Und dass nicht nur das Objekt, sondern auch das Subjekt dieser Operation untergeordnet und damit kein Primäres, sondern ein Sekundäres ist, stellt ein am Individualismus der mitteleuropäischen Geistesgeschichte geschultes Denken vollständig auf den Kopf. Der Gottesbegriff unserer Religionen ist wesentlich eine Hypostasierung dieses Subjekt-Begriffes, um dem Weltgeschehen als solchem ein Subjekt zu verleihen. Ebenso tief verwurzelt ist dieser Subjektbegriff in unserem Selbstverständnis als autonome Individuen.

Für mich jedoch war diese Umstülpung eine begriffliche Erlösung, weil sie mich, ähnlich wie ich das weiter oben als Prinzipienphänomenalismus beschrieben habe, in die Lage versetzte, die Welt auch ontologisch auf ein einziges, aber konkretes Prinzip zurückzuführen, das zugleich in der besonderen Struktur der Unterscheidung die allseits anzutreffende Dualität der Erscheinungswelt bereits in sich trägt. Ist es denn nicht viel wahrscheinlicher, dass aus einer Operation, die das Werden wesentlich enthält, Substanz und Objekt entstehen, und ist es nicht viel widersinniger anzunehmen, dass ein an sich statisches Substrat plötzlich etwas anderes hervorbringt? Ist es außerdem nicht viel überzeugender, dass aus einer undifferenzierten Allheit heraus durch Differenz die Vielfalt entsteht, als durch wundersame Anreihung oder Vervielfältigung eines einzelnen Urbausteins? Diese ontologischen Reflexionen geraten zwar in Konflikt mit dem eigentlichen Anliegen des Konstruktivismus, der gerade keine Ontologie sein will. Ich verstehe sie aber als eine Anti-Ontologie: Mit dem Konstruktivismus wird die ontische Qualität des Seins ins Sekundäre verschoben. Die dynamische Operation, die an seine Stelle tritt, ist nur der sprachlichen Logik folgend ein Etwas, sie hat eben gerade keine ontische Qualität, ist nichts vom Beobachten und damit allgemein vom Bewusstsein Trennbares.

Während der Realist und der Vertreter eines naturwissenschaftlich geprägten Empirismus mit der Relativierung der äußeren Wirklichkeit als bloßes Bewusstseinskonstrukt Schwierigkeiten haben, so bilden für Anthroposophen besonders die Relativierung des Ich und seine Unterordnung unter das Bewusstsein ein Problem: Der individualistische Ansatz der Anthroposophie tendiert zu einer Verabsolutierung des Ich als höchstes und, insbesondere in evolutionärer Perspektive, letztes, nach aller evolutiver Verwandlung der Erscheinungswelt unsterbliches Prinzip. Die Ausbildung des Ich als eigenständiges, absolutes und individuelles Wesen, das in gewisser Weise eine neue Art des Göttlichen darstellt, scheint in der Anthroposophie zur höchsten Wahrheit zu zählen. Dieses Ich zu relativieren und bloßer Bewusstheit unterzuordnen, wäre daher auch mir in meiner ehemaligen Anthroposophie als größter aller möglichen Irrtümer vorgekommen. Ich hätte es als das Gegenprinzip zu demjenigen bezeichnet, was ich damals unter Christus-Impuls verstanden habe, und als asurische Verführung gebrandmarkt.

In meinem ersten Buch mache ich allerdings auch darauf aufmerksam, dass man einen zentralen Gedanken Steiners aus seiner «Philosophie der Freiheit» durchaus als zumindest prototypisch konstruktivistische Position verstehen kann. Man muss dazu nur davon ausgehen, dass Steiner mit dem, was er im engeren Sinne als «Denken» bezeichnet hat, genau dasjenige meint, was ich hier Bewusstsein genannt habe. Dass er dem Denken eine entscheidende Funktion beim Zustandekommen der Wirklichkeit zuschreibt, die man in unserem Sinne auch konstruktivistisch interpretieren kann, ist noch relativ offensichtlich und akzeptiert: In der Anthroposophie findet sich diese Idee im Begriff des «Geistes», der als letztes Wirklichkeitsprinzip verstanden wird. Aber auch über das Ich, das Subjekt dieses Denkens oder eben Bewusstseins, sagt Steiner: «dieses lebt vielmehr selbst von des Denkens Gnaden». Er setzt also dem Subjekt etwas voraus, das nicht subjekthaft, das nicht wesenhaft und nicht substanzhaft ist, sondern operativ, intentional und unterscheidend: das Denken. Eine Bewusstseinsfunktion. Es ist also durchaus eine legitime Frage, ob Steiner nicht zumindest in seinem Frühwerk eine Art proto-konstruktivistische Position eingenommen hat, die später in einem allzu positivistischen Geistbegriff unterging, wenn auch nicht unbedingt ganz begraben wurde. Doch auch in anderer Hinsicht sehe ich durchaus Parallelen zu Steiners Wirklichkeitsauffassung. Insbesondere die dynamische Qualität der Operation als systematischer Ausgangspunkt der Wirklichkeit erinnert mich stark an Steiners Beschreibung des Geistes als eines wesenhaft kreativen, lebendigen und schaffenden Prinzips. Und nicht zuletzt steht der Autopoiesisgedanke zwar der starken Betonung des Ich bei Steiner entgegen, doch auch bei ihm taucht die Vorstellung einer Interdependenz von Ich und Außenwelt auf. Ich erinnere mich sogar an Passagen, in denen er explizit das Ich in der Außenwelt verortet.

Ich möchte Steiner nicht ohne weiteres zum Konstruktivisten erklären, aber ich finde in diesem Konstruktivismus eine gangbare Brücke insbesondere zu dem Geistbegriff in Steiners Frühwerk und gleichzeitig, worauf ich auch noch später kommen werde, zu spirituellen Lehren insgesamt. Gerade die ostasiatische Philosophie und Spiritualität steht dem Autopoiesisgedanken sehr viel näher und verzichtet weitgehend auf eine Verabsolutierung des Subjekts oder des Ich. Und beide, Anthroposophie und östliche Spiritualität, verlegen mit dem Geist oder dem Bewusstsein die Realitätsbedingungen zunächst nicht in eine objektive Außenwelt, zumindest nicht in eine sinnliche. In diesem Spannungsverhältnis sehe ich den Konstruktivismus als einen außerordentlichen Glücksfall und, wenn man so will, als einen Paradigmenwechsel unserer Wissenschaft, der sie irgendwann wieder in den Stand setzen könnte, sich auch einem über die rein naturwissenschaftliche Sinnlichkeit hinausgehenden Weltzugang zu widmen. Wenn dadurch einst Religionen überflüssig würden, wäre das ein ganz besonders großer Glücksfall für die Menschheit.

DU TUST SOWIESO, WAS DU WILLST

«Ein Tropfen Glück ist mehr als ein Fass voller Weisheit.»
Diogenes

Der Konstruktivismus, den ich versucht habe in aller Kürze zu charakterisieren, war der erkenntnistheoretische Teil meines neuen Weltbildes, in dem weniger die positive Formulierung von Überzeugungen, als vielmehr der systematische Zweifel daran im Vordergrund stand. Absolute Wahrheit, absoluter Individualismus sowie der Dualismus aus Sinnlichkeit und Geist lösten sich auf in eine dynamische Reduktion all dieser Absolutheiten auf ein operatives Prinzip. Dieses manifestiert sich als Bewusstsein und ermöglicht eine Integration unterschiedlichster, sich scheinbar widersprechender Wirklichkeitsauffassungen, zum Preis eines Verzichts all dieser Auffassungen auf den Anspruch der Alleinvertretung absoluter Wahrheit. Diesen Preis war ich nicht nur gerne bereit zu zahlen, sondern dass ich ihn durch die Auflösung meines dogmatischen Weltbildes bereits in Vorkasse bezahlt hatte, war die Tür, die mir den Zugang zu diesem Freiheit atmenden Weltbild eröffnete. Auf Seiten der praktischen Philosophie, die sich um das Handeln, um Ethik und Moral kümmert, fand ich einen ganz analogen, ebenfalls relativierenden und integrierenden Ansatz, den ich – auch hier nicht unbedingt in Übereinstimmung mit der üblichen Begriffsdefinition – als Hedonismus bezeichne.

In der Philosophie ist der Hedonismus sehr stark mit Epikur verbunden. Was Epikur jedoch ausgearbeitet hat, ist vor allen Dingen ein ethisches System, das auf dem Prinzip der Lustförderung basiert, das aber wie jedes andere ethische System Werte aus einem Prinzip ableitet und diese dann dogmatisch zur Handlungsvorschrift macht. Nur dass Epikur dasjenige als Prinzip seiner Ethik setzt, was bei vielen anderen, insbesondere in der christlichen und da vor allem in der protestantisch-pietistischen Ethik, gewissermaßen als das Gegenteil von Moral gilt: nämlich die Maximierung der eigenen Lust und des Glücks. Epikur arbeitete umfangreiche und differenzierte Anleitungen aus, wie diese Lust und dieses Glück zu erreichen sei.

Dem Hedonismus, wenn man ihn unabhängig von Epikur betrachtet, liegt aber eigentlich ein ganz anderer Gedanke zugrunde, der nichts mit Vorschriften, nichts mit Moral oder auch nur Anleitungen zum Erreichen eines bestimmten Zieles zu tun hat, sondern der in einer umfassenden Kritik an moralischen Werten und ethischen Systemen besteht. Diese Kritik wendet sich aber keineswegs gegen die Werte und Prinzipien bestimmter Moralsysteme im Einzelnen, sondern sie zeigt auf, dass jeder Ethik notwendigerweise irgendwelche Prinzipien zugrunde liegen und dass diese Prinzipien von einer höheren Ebene aus betrachtet letztlich willkürlich sind: Hinter jeder Aufstellung oder Übernahme eines moralischen oder ethischen Prinzips steckt nichts anderes als eine mehr oder weniger subtile und sublimierte Form der Lustförderung und Suche nach Glückseligkeit. Denn wie auch immer unsere moralischen Prinzipien aussehen, egal ob das Gottesfurcht ist oder der Versuch, mein Karma zu verbessern, ob ich im Schützen der Natur oder dem Pflegen kranker Menschen eine moralische Pflicht sehe, stets verbinde ich mit dem Erfüllen dieser Pflicht auch die Erwartung, damit etwas

«Gutes» zu tun, zumindest dasjenige, was unter Berücksichtigung aller ethischen Aspekte des Lebens letztlich das Bessere ist. Darin aber drückt sich bereits meine eigene Lust aus. Es ist meine Vorstellung eines Besseren – ob im Diesseits oder erst in einem jenseitig vorgestellten späteren Leben –, die mich drängt, jenem Prinzip zu folgen. Im Grunde ist die Tatsache, dass ich es will, bereits das Zeugnis dafür, dass ich mich in einer Weise damit verbunden habe, die ich als positiv erlebe. Und ich muss es wollen. Auch wenn es ein äußeres Prinzip ist, dem ich folge, so muss ich zumindest diese Folgschaft wollen. Wenn ich mein Handeln nicht als Automatismus, als trieb- und instinktgesteuerte Notwendigkeit betrachte, sondern wenn ich darin eine freie Entscheidung sehen will, so muss ich in dieser freien Entscheidung auch das Moment meiner eigenen Lust erkennen: Ich kann mich gar nicht für etwas entscheiden, das ich nicht in irgend einer Weise für positiv halte. Für positiver zumindest, als sich nicht dafür zu entscheiden. Auch wenn ich mich entscheide, mein Dasein in einer dunklen Klause zu fristen, mich zu kasteien und mein Leben der Mühsal und Lustfeindlichkeit zu opfern, so tue ich dies letztlich doch deswegen, weil ich mit der Vorstellung, dass ich damit das Richtige tue, Lust verbinde. Bei der Wahl zwischen einem Leben in Bequemlichkeit mit leiblichen Freuden und einem Leben in Entsagung und Schmerz entscheide ich mich, ganz gleich, wie die Wahl ausfällt, für dasjenige, was mir einschließlich seiner erwarteten Folgen letztlich anstrebenswerter erscheint.

Ich kann dies mit dem jeweiligen moralischen System durch moralische Prämissen, durch ethische Normen und Überzeugungen begründen. Aber bei dieser Begründung komme ich irgendwann an einen Punkt, an dem es keine

Prämissen mehr gibt. Ich kann alle Prämissen und Normen mit einem «Warum?» hinterfragen und auf tieferliegende Prämissen zurückführen. Aber ganz gleich, ob es die Offenbarungen eines Propheten oder philosophische Theorien sind: Irgendwann komme ich zu einer Prämisse, für die es keine Prämisse mehr gibt, zu einer Norm, auf welche die Frage «Warum?» keine Antwort mehr findet, auf ein Prinzip, einen ersten Begründungsanfang. Vor diesem Begründungsanfang – in religiösen System heißt dieser Begründungsanfang meist «Gott» – kann nichts anderes stehen als derjenige, der begründet, als ich selbst und meine durch nichts anderes als meine Lust und meine schiere Erwartung des Guten zu begründende Entscheidung für das erste Prinzip.

Der Hedonismus, den ich so bezeichne, stellt nicht die Lust als solches Prinzip auf, sondern er ist die Reduktion aller Ethik auf die Erkenntnis: Was immer für ein Prinzip du aufstellst, was für einer Ethik du auch folgst, letzten Endes folgst du stets nur deiner Lust oder dem, wovon du dir Lust versprichst. Hedonismus ist also nicht eine Ethik, die Lust zum Prinzip erklärt, sondern es ist eine Antiethik, eine Transzendierung von Ethik, welche die Bedingungen jeder Ethik kritisch hinterfragt und die letztlich egoistische Orientierung auf die eigene Lust in einem ganz allgemeinen Sinne als allen gemeinsame, notwendige Basis von Ethik und Handeln identifiziert. Dabei sind «egoistisch» und «Lust» notwendigerweise völlig wertfreie Begriffe, die einfach nur die Ausrichtung der Prinzipien auf den Handelnden selbst begrifflich fassen wollen. Dass ich selbst es bin, der handelt und entscheidet, ganz gleich mit welcher ethischen Begründung, macht mich zu dem, was jenseits aller rationalen Begründbarkeit jeder ethischen Begründung zugrunde liegt und in dem jedes ethische Prinzip aufgehoben ist. In religiöser Terminologie müsste ich sagen, dass ich als Handelnder dasjenige bin, was die Religionen in dem Begriff «Gott» als unhintergehbares ethisches Prinzip betrachten, als Ursprung, von dem jegliche Moral ausgeht und auf das sie hinzielt. Hedonismus ist damit im Grunde nur der Versuch einer Explikation des Begriffs «wollen» als eine aller Ethik vorausgehende Bedingung für das Handeln.

Wenn Friedrich Nietzsche in seinem Nihilismus erkannte, dass Gott gestorben ist, weil kein Prinzip dem Zweifel des autonomen Individuums standhält, so erkenne ich in dem Hedonismus, wie ich ihn hier charakterisiert habe, dass Gott auferstanden ist in mir, im autonomen Individuum, weil ich als Zweifelnder der metaphysische Ort bin, an dem jedes Prinzip aufgehoben ist.

Interessanterweise fand ich auch in dieser Frage, ganz im Gegensatz zu dem, als was ich die Anthroposophie erlebt habe, in Steiners Frühwerk eine Bestätigung, die ich zuvor einfach überlesen oder in «anthroposophischem» Sinne uminterpretiert hatte. Im 13. Kapitel seiner «Philosophie der Freiheit» argumentiert Steiner gegen die pessimistische Position, wie sie insbesondere der von ihm sehr verehrte Philosoph Eduard von Hartmann vertreten hat. Ich zitiere die entsprechende Passage bei Steiner ausführlich, weil sie in meinen Augen den denkbar größten Kontrast zu jener ethisch-moralischen Einstellung bildet, die ich in meiner «anthroposophischen» Zeit eingenommen hatte und die auch heute noch zumindest das Image der Anthroposophie nachhaltig prägt. Ich erkenne in ihr durchaus jenes metaphilosophische hedonistische Prinzip, das ich oben versucht habe darzustellen:

«Wenn der Pessimist sagt: strebe nicht nach Lust, denn du kannst sie nie erreichen; strebe nach dem, was du als deine

Aufgabe erkennst, so ist darauf zu erwidern: das ist Menschenart, und es ist die Erfindung einer auf Irrwegen wandelnden Philosophie, wenn behauptet wird, der Mensch strebe bloß nach dem Glücke. Er strebt nach Befriedigung dessen, was sein Wesen begehrt und hat die konkreten Gegenstände dieses Strebens im Auge, nicht ein abstraktes ‹Glück›; und die Erfüllung ist ihm eine Lust. […] Und dieses ist das Wesen alles wirklichen Wollens. Die Ethik beruht nicht auf der Ausrottung alles Strebens nach Lust, damit bleichsüchtige abstrakte Ideen ihre Herrschaft da aufschlagen können, wo ihnen keine starke Sehnsucht nach Lebensgenuss entgegensteht, sondern auf dem starken, *von ideeller Intuition getragenen* Wollen, *das sein Ziel erreicht, auch wenn der Weg dazu ein dornenvoller ist.*

Die sittlichen Ideale entspringen aus der moralischen Phantasie des Menschen. Ihre Verwirklichung hängt davon ab, dass sie von dem Menschen stark genug begehrt werden, um Schmerzen und Qualen zu überwinden. Sie sind seine *Intuitionen, die Triebfedern, die sein Geist spannt; er* will *sie, weil ihre Verwirklichung seine höchste Lust ist. Er hat es nicht nötig, sich von der Ethik erst verbieten zu lassen, dass er nach Lust strebe, um sich dann gebieten zu lassen, wonach er streben* soll.

[…]

Wer nach Idealen von hehrer Größe strebt, der tut es, weil sie der Inhalt seines Wesens sind, und die Verwirklichung wird ihm ein Genuss sein, gegen den die Lust, welche die Armseligkeit aus der Befriedigung der alltäglichen Triebe zieht, eine Kleinigkeit ist. Idealisten schwelgen *geistig bei der Umsetzung ihrer Ideale in Wirklichkeit.*

Wer die Lust an der Befriedigung des menschlichen Be-

gehrens ausrotten will, muss den Menschen erst zum Sklaven machen, der nicht handelt, weil er will, sondern nur, weil er soll. Denn die Erreichung des Gewollten macht Lust. Was man das Gute *nennt, ist nicht das, was der Mensch* soll, *sondern das, was er* will, *wenn er die volle wahre Menschennatur zur Entfaltung bringt. Wer dies nicht anerkennt, der muss dem Menschen erst das austreiben, was er will, und ihm dann* von außen *das vorschreiben lassen, was er seinem Wollen zum Inhalt zu geben hat.*

[...]

Wer die sittlichen Ideale nur für erreichbar hält, wenn der Mensch seinen Eigenwillen ertötet, der weiß nicht, dass diese Ideale ebenso von dem Menschen gewollt sind, wie die Befriedigung der sogenannten tierischen Triebe.

[...]

Dieser ausgereifte Mensch gibt seinen Wert sich selbst. Nicht die Lust erstrebt er, die ihm als Gnadengeschenk von der Natur oder von dem Schöpfer gereicht wird; und auch nicht die abstrakte Pflicht erfüllt er, die er als solche erkennt, nachdem er das Streben nach Lust abgestreift hat. Er handelt, wie er will, das ist nach Maßgabe seiner ethischen Intuitionen; und er empfindet die Erreichung dessen, was er will, als seinen wahren Lebensgenuss. (Ebd., S. 231–235)

Hier findet sich fast wörtlich die berühmte Formel von Aleister Crowley, «Tu, was Du willst», die nicht nur von Anthroposophen als Gegenbild aller Moral betrachtet wird und insbesondere in christlicher Lesart vielfach als Ausdruck eines Satanismus gilt. In dieser Formel kann man aber die ethische Umsetzung des Nihilismus sehen und sie lässt sich durchaus im Sinne des oben dargestellten Hedonismus verstehen. Dann allerdings, wie auch beim frühen Steiner, nicht als Imperativ, sondern als rein deskriptive Feststellung: «Wenn du handelst, tust du, egal wie du handelst, sowieso das, was du willst.»

Es gibt noch eine weitere bemerkenswerte Stelle, an der Steiner jegliche Ethik radikal abweist und das Handeln einzig an das einzelne Ich bindet. In seinem Aufsatz «Der Egoismus in der Philosophie» von 1899 schreibt er:

«Mein Handeln ist nun ein Teil des allgemeinen Weltgeschehens. Es hat somit ebenso sein Wesen in mir wie alles andere Geschehen. Für das menschliche Handeln die Gesetze suchen, heißt somit, sie aus dem Inhalte des Ich schöpfen. Wie der Gottgläubige die Gesetze seines Handelns aus dem Willen seines Gottes ableitet, so kann derjenige, der eingesehen hat, daß im Ich das Wesen aller Dinge liegt, die Gesetze des Handelns auch nur im Ich finden. Hat das Ich sein Handeln dem Wesen nach wirklich durchdrungen, dann fühlt es sich als den Beherrscher desselben. So lange wir an ein uns fremdes Weltwesen glauben, stehen uns auch die Gesetze unseres Handelns fremd gegenüber. Sie beherrschen uns; was wir vollbringen, steht unter dem Zwange, den sie auf uns ausüben. Sind sie aus solcher fremden Wesenheit in das ureigene Tun unseres Ich verwandelt, dann hört dieser Zwang auf. Das Zwingende ist unser eigenes Wesen geworden. Die Gesetzmäßigkeit herrscht nicht mehr über uns, sondern in uns über das von unserem Ich ausgehende Geschehen. Die Verwirklichung eines Vorganges vermöge einer außer dem Verwirklicher stehenden Gesetzmäßigkeit ist ein Akt der Unfreiheit, jene durch den Verwirklicher selbst ein Akt der Freiheit. Die Gesetze seines Handelns sich aus sich geben, heißt als freier Einzelner handeln. Die Betrachtung des Erkenntnisprozesses zeigt dem Menschen, dass er die Gesetze seines Handelns nur in sich finden kann.

Das Ich denkend begreifen, heißt die Grundlage schaffen, um alles, was aus dem Ich kommt, allein auch auf das Ich zu begründen. Das Ich, das sich selbst versteht, kann sich von nichts als von sich selbst abhängig machen. Und es kann niemandem verantwortlich sein als sich. Es erscheint nach diesen Ausführungen fast überflüssig zu sagen, dass mit dem Ich nur das leibhaftige, reale Ich des Einzelnen und nicht ein allgemeines, von diesem abgezogenes gemeint sein kann. Denn ein solches kann ja nur aus dem realen durch Abstraktion gewonnen sein. Es ist somit abhängig von dem wirklich Einzelnen.»

MARTIN HEIDEGGER UND DAS SKYLAB

> «Warum ist überhaupt Seiendes und nicht vielmehr Nichts? Das ist die Frage.»
>
> Martin Heidegger

Im Juli 1979 stürzten die Reste des außer Kontrolle geratenen Skylab in den Indischen Ozean. Die Nachricht vom bevorstehenden Absturz füllte das beginnende Sommerloch, und die Spekulation über den Ort des bevorstehenden Absturzes waren Tagesdiskussion. Ich verstand diese Nachricht und die Gespräche der Erwachsenen darüber als Elfjähriger gerade genug, um mir eine große Katastrophe vorzustellen, aber zu wenig, um die tatsächliche Gefahr und die konkreten Auswirkungen realistisch einzuschätzen. Und sicherlich wurden auch Scherze darüber gemacht, dass die Reste ausgerechnet auf unser Haus fallen würden. Für mich entstand das Bild einer riesigen Rakete, die auf uns herabstürzen und die ganze Umgebung unter sich begraben würde. Diese Vorstellung versetzte mich in eine bis dahin unbekannte panische Todesangst. Ich weiß nicht, wie lange es dauerte, bis mich die erlösende Nachricht vom Absturz der Wrackteile über dem Indischen Ozean erreichte, aber ich weiß, dass ich in dieser Zeit eine furchtbare Angst hatte: Ich blickte dem Tod ins Angesicht, und ich erinnere mich noch deutlich an das beklemmende Gefühl der Ohnmacht, an die Angst vor der totalen Vernichtung. Ich blickte der Apokalypse ins Auge, und sie war ein dunkles, schwarzes Loch, in das alles versank und demgegenüber ich völlig hilflos war.

Wie bereits erwähnt, hatte ich im Allgemeinen als Kind und auch später keine Angst vor dem Tod. Ich wurde mit der Idee der Wiedergeburt erzogen, und ich war mir ganz und gar sicher, dass der Tod nur einen Übergang in eine andere Welt bedeuten würde. Nur manchmal, in ganz seltenen Momenten, da überkam mich wie eine Art Schauer eine Frage, die genau jene Stimmung in mir hinterließ, die mich angesichts des Skylab-Absturzes erfasst hatte. Es war keine Frage, über die ich einfach nur nachdachte. Es war ein Moment, in dem ich mir die Welt und das Leben vorstellte und sich diese Vorstellung immer mehr erweiterte und verallgemeinerte, bis zu dem Punkt, an dem das Vorstellungsbild über die Welt hinauswuchs und sich wie ein Abgrund die paradoxen Fragen auftaten: Was ist außerhalb der Welt? Wo ist das Universum? Was wäre, wenn es das alles nicht gäbe? Worin findet die Welt statt? Ich erlebte diese Fragen so real, dass ich regelmäßig erschrak und für eine Weile mit einem dumpfen Angstgefühl dasaß, bis die Vorstellungen schließlich vom Alltag wieder verdrängt wurde.

Dieses Erlebnis war so akut, dass ich es auch jetzt, wenn ich es versuche zu beschreiben, nicht wieder hervorrufen kann. Die Fragen, die ich hinschreibe, sind als solche nur der Inhalt dessen, was ich erlebte. Aber ich erlebte es nicht als ein Nachdenken, sondern als reale Vorstellung. Als Erwachsener hatte ich solche Erlebnisse nur noch selten und ich hatte sie schon fast vergessen, bis ich mehr oder weniger zufällig «Einführung in die Metaphysik» von Martin Heidegger in die Hand bekam und dort auf der ersten Seite die Beschreibung der laut Heidegger weitesten, tiefsten und ursprünglichsten Frage der Philosophie überhaupt las. Er formuliert diese Frage mit den Worten: «Warum ist überhaupt Seiendes und nicht vielmehr Nichts?» (Martin Heidegger: «Einführung in die Metaphysik», Tübingen [6]1998, S. 1) Wesentlicher als dieser Wortlaut war aber für mich die unbedingte Ernsthaftigkeit und reale Fragehaltung, die Heidegger dafür forderte. Er beschrieb so exakt dasjenige, was der Inhalt der geschilderten Moment-Erlebnisse für mich war, dass ich fast aus den Latschen gekippt wäre. Ich erinnerte mich urplötzlich wieder an diese Erlebnisse und war völlig konsterniert, als ich durch Heidegger erkannte, dass sich darin in der Tat die weiteste, tiefste und ursprünglichste Frage überhaupt manifestierte. Und ich erkannte nach und nach, wie eigentlich alle meine Gedanken über Weltanschauung und Philosophie letztlich auf diese eine Frage abzielten. Der Weg durch den Nihilismus von Nietzsche bis zur Auflösung meines gesamten Weltbildes war nichts anderes als das sich über Jahre erstreckende Mich-Stellen dieser einen, existenziell tiefsten und weitesten Frage der Philosophie überhaupt: Warum ist eigentlich etwas und nicht vielmehr nichts.

Es war nur wenige Monate später, als sich durch die Nachwirkungen einer schweren Krankheit die bereits erwähnten Todesängste plötzlich in einer existenziellen Bedrohlichkeit und Realität einstellten. Es klingt wie konstruiert, aber mir ist damals der Zusammenhang nicht aufgefallen, weil ich zu sehr mit meiner Krankheit beschäftigt war. Plötzlich war mit der Todesangst diese Frage mitten in meiner Realität angekommen. Ich war in dieser Situation völlig hilflos, fühlte mich ohnmächtig einem Defekt meines Körpers ausgeliefert, der mich bei nächster Gelegenheit einfach ausknipsen würde. Es gibt wohl keine andere Art, den Nihilismus plastischer zu erleben, es sei denn vielleicht, wenn man tatsächlich stirbt.

Es war mein Wunderarzt, der mich auf Jon Kabat-Zinn und dessen Meditationstechnik verwies. Die von diesem unkonventionellen amerikanischen Arzt beschriebenen Achtsamkeitsübungen verlangten von mir, etwas zu tun, was mir eigentlich bis dahin völlig unbekannt war: meine Aufmerksamkeit auf das Aufmerksam-Sein zu richten. Ich begann diese Übungen zu machen, und in dem Moment, in dem es mir gelang, in diese Achtsamkeit einzutauchen, schien die Wirklichkeit sich etwas zu entfernen, ohne dass sie sich veränderte. Es war so ähnlich wie das Aufwachen aus dem Halbschlaf, in dem sich Wahrnehmungen und Traum wild vermischen, und dann alles ruhig, klar und deutlich wird. Wenn ich wach bin, dann bin ich den Dingen nicht mehr so ausgeliefert wie im Traum, sondern kann sie aus der Distanz aufmerksamer und bewusster beobachten. Diese Qualität der Aufmerksamkeit verstärkte sich in der Achtsamkeitsübung und tauchte die an sich gleichen Wahrnehmungen ganz in die Eigenschaft, ein Erlebnis zu sein. Und plötzlich bemerkte ich, dass diese vogelperspektivische Qualität der Achtsamkeit exakt dieselbe war, wie ich sie damals in den beschriebenen Momenten der Frage nach dem Grund des Seins erlebt hatte. Das Erstaunliche aber war, dass sie mir überhaupt keine Angst machte, sondern geradezu angenehm war! Ich erlebte sie plötzlich nicht mehr als das schwarze Nichts, in dem sich das ganze Sein der Welt auflöst, sondern als ein weißes Nichts, aus dem die ganze wunderbare Mannigfaltigkeit der Welt hervorging. Dieses Erlebnis war für mich ein Schlüssel nicht nur zum Umgang mit meiner Krankheit und meinen Todesängsten, sondern auch im Umgang mit meiner Weltanschauung.

Ich beschäftigte mich in der Folge intensiver mit Meditationstechniken und mit verschiedenen spirituellen Lehrern, insbesondere Eckhart Tolle, Andrew Cohen und Thich Nhat Hanh. Im Grunde war dort nichts anderes zu lesen als bereits bei Jon Kabat-Zinn, jedoch jeweils in einer ganz individuellen Weise. Ich werde später noch darauf eingehen, wie mir insbesondere Eckhart Tolle eine Perspektive eröffnete, die ich eigentlich in der Anthroposophie stets gesucht, aber nie gefunden hatte. Zunächst aber erkannte ich durch dieses Erlebnis überhaupt erst, wovon bei diesen Autoren gesprochen wird. Die Entdeckung der Achtsamkeit schenkte mir die Möglichkeit, den Moment zu genießen. Plötzlich konnte ich jene Dinge, die in mir zuvor nur eine Sehnsucht nach etwas dahinter evozierten, so betrachten, dass sie mir als das, was sie sind, genügten. Ich erkannte, dass die Welt, so wie sie unmittelbar vor mir liegt, wie ich sie konkret und aktuell erlebe, das ist, worum es geht. Eine scheinbar einfache Erkenntnis, und dennoch habe ich 38 Jahre dafür gebraucht!

Aber noch etwas fügte sich durch dieses Erlebnis zusammen: Ich bemerkte, dass jener Konstruktivismus, mit dem ich mich damals und schon einige Zeit zuvor auseinander gesetzt und den ich für mich selbst entwickelt hatte, im Grunde nichts anderes als das philosophisch-analytische Korrelat zu diesem Erlebnis des «weißen Nichts» ist. Es ist die begriffliche Einordnung dessen, was die Achtsamkeitsübung mir erlebbar machte: dass nämlich nicht der Gegenstand, sondern seine Beobachtung das eigentlich Reale ist und dass jener nur durch diese überhaupt ist. Dass die Wirklichkeit nicht draußen, sondern in mir, in meinem Bewusstsein stattfindet, anders gesagt, dass mein Bewusstsein nicht in meinem Kopfe steckt, sondern dieser in ihm, weil alles nur durch das Bewusstsein ist. Es mag beiden Seiten vielleicht eher abwegig vorkommen, aber für mich ist der Kern des Konstruktivismus und der Kern des Anliegens spiritueller Schulen und Lehren exakt derselbe. Sie sind von ganz verschiedener Art, Methode und Absicht, aber sie gehen letztlich Hand in Hand auf einen Wirklichkeitsbegriff zu, der innerhalb der mitteleuropäischen Geistesgeschichte absolut unkonventionell erscheint.

Die Faszination, die für mich von diesem Konstruktivismus ausgeht, liegt in dieser Umwendung einer eigentlich nihilistischen Einsicht hin zu einer absolut positiven, kreativen und operativ-lebendigen Auffassung der Wirklichkeit. Die Begeisterung an der aus dem Nichts erstehenden Wirklichkeit hat wiederum Heidegger im Anschluss an das obige Zitat unvergleichlich treffend formuliert. Er nennt das Auftauchen dieser weitesten, tiefsten und ursprünglichsten Frage einen «Jubel des Herzens», «weil hier alle Dinge verwandelt und wie erstmalig um uns sind, gleich als könnten wir eher fassen, dass sie nicht sind, als dass sie sind und so sind, wie sie sind».

Ich kann nicht den Anspruch erheben, Heideggers Werk wirklich zu kennen. Aber das, was ich von ihm weiß und gelesen habe, gibt mir den Eindruck, dass er dieser untergründigen Verbindung durchaus auf der Spur war. Fasst man seinen bisweilen erdrückend erscheinenden Ernst nicht moralisch, als ethische Verantwortung der Wahrheit auf, sondern so, wie es auf jener ersten Seite beschrieben wird: als das sich reale Stellen von Fragen, als echte existenzielle Fragehaltung, dann ist darin für mich bereits jener nicht auf Spekulation, sondern reales Erleben gerichtete Ansatz der Spiritualität enthalten.

ES GIBT KEINEN GOTT, UND DAS BIN ICH!

> «Zuletzt wäre ich sehr viel lieber Basler Professor als Gott; aber ich habe es nicht gewagt, meinen Privat-Egoismus so weit zu treiben, um seinetwegen die Schaffung der Welt zu unterlassen.»
>
> Friedrich Nietzsche

Mit den Ideen, die ich hier als Konstruktivismus und Hedonismus beschrieben habe, stößt man nicht immer auf Gegenliebe. Nicht nur in anthroposophischer Umgebung. Denn die Konsequenzen aus einem radikalen Konstruktivismus, der die Gegenstände und Wesen, aus denen die Welt besteht, nur als mehr oder weniger willkürliche Konstrukte eines beobachtenden und unterscheidenden Bewusstseins begreift, sind weitreichend. In der Regel wird eine solche Ansicht in die Schublade «Solipsismus» gesteckt, womit man glaubt, bereits dargetan zu haben, dass sie falsch sei. Als Solipsismus bezeichnet man die Auffassung, dass die Welt und mit ihr meine Mitmenschen nur ein Erzeugnis meines Bewusstseins seien und ich als Träger dieses Bewusstseins somit das einzige Wesen, das wirklich Bewusstsein hat und wirklich existiert, während alle anderen Wesen, die ich für solche halte, außerhalb meines Bewusstseins keine Wirklichkeit haben, sondern gleichsam nur vorgestellt sind. Kaum eine andere philosophische Position findet so viel Ablehnung wie der Solipsismus. Er steht geradezu unter dem apriorischen Verdacht, Ausdruck einer mentalen Abnormität zu sein: Wer ihn vertritt, isoliert sich in seiner eigenen subjektiven Vorstellungswelt und bricht jede Verbindung zur Außenwelt ab.

Dabei ist allerdings der Solipsismus für sich gesehen eine äußerst konsistente, kaum zu widerlegende Interpretation dessen, was wir als Welt wahrnehmen. Dass nämlich jene Objekte, die ich Menschen nenne, über ein Bewusstsein verfügen, wie ich es mein Eigen nenne, ist eine Annahme, die nur auf Indizien basiert: Ich sehe, dass sich diese Menschen so verhalten, als hätten sie ein solches Bewusstsein, aber ich kann dieses Bewusstsein nicht unmittelbar wahrnehmen. In jener spezifischen Art und Weise, in der ich mein eigenes Bewusstsein erlebe, kann ich ein fremdes Bewusstsein nicht erleben. Und insofern habe ich keinerlei echte Beweise dafür, dass diese fremden Bewusstseine tatsächlich in derselben Weise existieren.

Eine Möglichkeit, sich der Beweislast zu entledigen, liegt darin, Bewusstsein von vorne herein nur auf Grundlage des sichtbaren Verhaltens zu definieren und die noetische Erlebnisqualität als nicht objektivierbares Phänomen zu ignorieren. Akzeptiert man aber die Beweislast zumindest einmal hypothetisch, so wird sofort deutlich, dass aus solipsistischer Sicht der Vorwurf der Isolation absurd ist: Wovon sollte ich mich isolieren, wenn ich ganz allein bin? Und inwiefern sollte eine Welt, die nur aus meinem Bewusstsein besteht, eine Isolation darstellen? Eine Isolation wovon? Vom Nichts außerhalb dieses Bewusstseins? Erst wenn ich, ohne den geringsten sachlichen Anlass dafür zu haben, die Annahme zugrunde lege, dass es eine Außenwelt gibt, die nicht Teil meines Bewusstseins ist, kann ich den Solipsismus widersprüchlich finden. Aber dann habe ich bereits im Voraus unbegründete Annahmen gemacht, die ihm widersprechen.

Nun ist aber das, was ich hier als Konstruktivismus beschrieben habe, durchaus noch verschieden von einem reinen Solipsismus, weil ich zusätzlich zu der solipsistischen Sicht auch mich selbst als ein Konstrukt bezeichne: Ich, als Subjekt des Bewusstseins, bin selbst ein Ergebnis jener konstruierenden Operation, die ich Beobachtungsunterscheidung nenne und die nichts anderes ist als Bewusstsein. Insofern ich Subjekt des Bewusstseins bin, bin ich der Schöpfer der Welt. Doch dieses Subjekt ist, wenn es existieren soll, selbst nur eine Schöpfung dieses Bewusstseins. In diesem zunächst paradox wirkenden Zusammenhang liegt der Angelpunkt meines über den Solipsismus hinausgehenden, diesen aber integrierenden Konstruktivismus, basierend auf dem Autopoiesisbegriff von Maturana. Wenn ich mich im Rahmen dieses Konstruktivismus als Konstrukteur, als Schöpfer der Welt betrachte, dann meine ich damit nicht mich als Person (und damit als Objekt) Christian Grauer, sondern ich meine mich, insofern ich Subjekt des Bewusstseins bin, das alles – auch dieses Subjekt! – hervorbringt.

Die Auflösung nicht nur der Objektvorstellung, sondern auch der Subjektvorstellung in einem operativen, vorobjektiven und vorsubjektiven Bewusstsein wird von vielen Anthroposophen höchst kontrovers gesehen. Das Ich als Substrat der individuellen Evolution gilt auch innerhalb der Anthroposophie als unteilbare und unauflösbare Entelechie, die als letzte Wirklichkeit die Vergänglichkeit überdauert. Die Unsterblichkeit der Seele oder ihres Trägers ist das absolute Ideal eines solchen spiritualistischen Individualismus. Es ist aber auch eine strukturell angelegte Sehnsucht dessen, was in spirituellen Schulen als «Ego» bezeichnet wird: der Selbsterhaltungsdrang einer selbstreferenziellen Struktur, die aber ontologisch, wie alles andere, dem Bewusstsein untergeordnet ist und damit keinen Substratcharakter hat. Dies ist die andere Seite des Konstruktivismus: Auch der Konstrukteur ist ein Konstrukt. Das ganze Setting aus Objekt, Subjekt und

Beobachtung ist selbst nur Beobachtung. Der ontologische Charakter der selbstreferenziellen Struktur, die wir «Ich» nennen, ist eine Illusion. Die strukturelle Selbstreferenz ist die ganze Realität des Ich. Die ontologische Verabsolutierung dieser Struktur als Träger des Bewusstseins ist die Illusion des «Ego». Die konstruktivistische Rückbindung des Ich an das Bewusstsein als operationalen Träger dieser selbstreferenziellen Struktur ist die Aufklärung und Integration dieser Illusion und zugleich dasjenige, was sich im autotheistischen Bekenntnis «Ich bin Gott» niederschlägt. Dies ist nicht nur eine Relativierung Gottes als transzendente Struktur. Es ist auch eine Relativierung des Ich als ontologisches Substrat! Die Wirklichkeit spielt sich im Spannungsfeld zwischen ontologischer Einheit des Bewusstseins und struktureller Differenz von Subjekt und Objekt, Ich und Welt ab.

Bewusstsein ist die Einheit der Vielfalt. Nicht der Baum, vor dem ich stehe, ist real, und nicht ich, der ich vor dem Baum stehe, bin real, sondern die Einheit, die in der Struktur dieser Trennung im Gegenüberstehen liegt, ist die Realität. Wäre die Trennung absolut, gäbe es kein Gegenüberstehen. Wäre die Einheit absolut, gäbe es auch kein Gegenüberstehen. Dass Gegenstand und Beobachter getrennt sind, aber dennoch eine Einheit bilden, ist dasjenige, was wir Bewusstsein nennen. Alltagssprachlich ausgedrückt liegt diese Einheit der Trennung in dem Umstand, dass ich den Gegenstand «sehe», ihn als meine Wahrnehmung und Vorstellung erlebe und damit sowohl ihn als auch mich charakterisiere. Nicht Gegenstand und Ich sind real, sondern das Erleben, das in der Einheit der Trennung besteht.

Nicht auf den Gegenstand und nicht auf das Ich zu fokussieren, sondern auf das Erleben, die Operationalität als die

Realität, in der Gegenstand und Ich nur als Modifikation der Struktur des Erlebens, der Operation stattfinden, ist der Ansatz, der erstaunlicherweise eine konstruktivistische Philosophie, wie ich sie hier vertreten habe, mit vielen spirituellen Lehren verbindet. Die spirituelle Absolutheitserfahrung zielt auf dieses gegenstands- und ich-freie Realitätserlebnis als reale Bewusstseinserfahrung. Der Konstruktivismus reduziert Wirklichkeit durch einen systematischen Zweifel an der Ontologie von Subjekt und Objekt auf die Operationalität, und sofern dies in erkenntnistheoretischer Zielsetzung erfolgt, ist diese Operationalität nichts anderes als Bewusstsein.

Als Autotheismus bezeichne ich die zusammenfassende Erkenntnis, dass ich an der funktionalen Stelle, an die unsere Religionen den Begriff «Gott» setzen, nur mich selbst als Subjekt des Bewusstseins finde. Das Bekenntnis «Ich bin Gott» fasst die philosophischen Relativierungen und die radikale Kritik am Realismus in einer provozierenden Formel zusammen. Dieses Bekenntnis ist aber nicht Ausdruck einer Egozentrik oder Selbstüberschätzung, sondern von Selbstverantwortung und Identifikation mit der Welt.

Der Autotheismus ist die Antwort auf das Memento mori, das ich oben beschrieben habe. Und zwar ist er der zweite mögliche Ausweg aus der Depression des Memento mori: das sich Fallenlassen in das allgegenwärtige Bewusstsein des Todes. Führe ich den Gedanken an den allgegenwärtigen Tod konsequent zu Ende, relativiert er nicht nur alle Werte und Vorstellungen, er relativiert insbesondere auch den Tod. Unsterblichkeit als notwendige Eigenschaft Gottes ist nicht das Aufheben der Unterworfenheit meines Leibes unter die Zeitlichkeit, sondern es ist die Aufhebung der Zeitlichkeit in meinem Bewusstsein. Der Tod ist aus der einen Perspektive das Einzige, was mit absoluter Sicherheit eintritt. Aus einer anderen Perspektive aber ist er dasjenige, was nie eintreten kann, weil er dazu das Bewusstsein aufheben müsste, das ihn selbst erst zur Wirklichkeit erhebt. Der Tod ist also für dasjenige, was ich als Gesamtheit mein Bewusstsein nenne und das ich im konstruktivistischen Sinne zugleich als die Gesamtheit der Welt betrachten muss, ein nicht realer Sachverhalt, sondern nur eine Projektion. Ich bin unsterblich.

Diese Erkenntnis aber nicht nur philosophisch zu haben, sondern sie so umzusetzen, dass sie erlebbare Realität wird, ist dasjenige, was ich bei Eckhart Tolle in seinem Buch «Jetzt!» als Anregung gefunden habe. Tolle beschreibt dort autobiografisch, wie ihm diese Realität in einer schweren biografischen Krise spontan und schlagartig zum Erlebnis wurde und seither sein Leben bestimmt. Er entlarvt das Denken und unsere Vorstellungen als ein Ablenkungsmanöver von der Gegenwart. In Wahrheit gibt es nichts anderes als den jetzt gerade gegenwärtigen Moment mit allem, was mein Bewusstsein just in diesem Moment enthält. Unsere Gedanken und Vorstellungen, unsere Erinnerungen, Sorgen, Befürchtungen, Erwartungen, Pläne sind als solche zwar auch real, sie verweisen aber jeweils auf etwas, das nicht unmittelbar gegenwärtige Realität ist. Und sie bilden in ihrer Masse eine Welt, unter deren komplexen Bedeutungen die unmittelbare Gegenwart verschüttet wird. Diese Welt ist aber nur indirekt real. Sie besteht aus Erwartung, Planung, Zukunft, Erinnerung, Sorge, Begriffen, Vorstellungen etc. Für unseren Alltag, so Tolle, ist diese projizierte Welt zwar praktisch und von Nutzen, und wir sollten nicht versuchen, den Alltag ohne sie zu meistern. Doch sie ist als Erlebnisschicht sekundär, sobald wir die verschüttete Schicht der unmittelbaren, ausschließlich im gegenwärtigen Moment erlebten Wirklichkeit freilegen. In ihr gibt es weder Zukunft noch Vergangenheit, weder Tod noch Leben, sondern nur die unmittelbar erlebte Fülle der Gegenwart.

Tolle hat einen wunderbaren Trick, um sich dieser Schicht bewusst zu werden. Dazu genügt es, sich in einem beliebigen Moment die Frage zu stellen, welches Problem man gerade tatsächlich hat. Dabei blende ich alle Probleme aus, die ich eventuell in Zukunft erwarte, die ich vielleicht nur befürchte, die jemand anderes hat oder die ich an einem anderen Ort vermute. Ich frage mich nur: Welches Problem habe ich in dieser Sekunde, hier und jetzt, so wie ich hier sitze und diesen Text lese. Wenn man diesen Test unbefangen genug macht, wird man feststellen, dass es fast unmöglich ist, im unmittelbar gegenwärtigen Erleben ein Problem zu orten, das nicht nur eine Vorstellung ist, eine Projektion aus der Vergangenheit oder in die Zukunft. Letztlich zielt jeder spirituelle Ansatz auf diese Qualität der unmittelbaren Gegenwart, benennt sie nur anders und hat andere «Tricks», zu ihr hinzuführen. Die Sinnkomplexe, die dazu aufgewendet werden – bei Tolle ist es das Konzept der Gegenwart und der Transzendierung des Denkens, bei anderen Richtungen ist es anderes, ich habe es hier Autotheismus genannt –, haben im Grunde nur Gleichnis-Charakter und eine didaktische Funktion. Sie sind nicht das Eigentliche.

Auch die Anthroposophie ist in gewisser Beziehung nur ein solches Gleichnis. Allerdings ist sie in ihrer Bildlichkeit so komplex und zugleich – und das ist in anderer Hinsicht durchaus auch eine Stärke – so sehr auf den praktischen Alltag bezogen, dass sich das Gleichnishafte verselbständigt und im ungünstigsten Falle, wie bei mir, zu einer absurden Ideologie wird. Im Vergleich zu Eckhart Tolle oder anderen zeitgenössischen spirituellen Lehrern erscheint Steiner, was das Aufzeigen eines Weges zu dieser absoluten Qualität betrifft, wenig erfolgreich. Er hat aus den verschiedensten Traditionen ein esoterisches Monument gebaut, dessen Sprache, zumindest für mich, mehr von dieser Qualität ablenkt, als dass sie zu ihr hinführt.

IV

DER ELCH IM ZEUGENSCHUTZPROGRAMM?

> «Tradition ist nicht das Halten der Asche, sondern das Weitergeben der Flamme.»
>
> Thomas Morus

In den vorangehenden Kapiteln habe ich versucht, die philosophische Stelle zu beschreiben, an der ich derzeit stehe. Ich habe zuvor das Erreichen dieser Position beschrieben als einen Weg, der sich insbesondere durch eine Distanzierung von der Anthroposophie ergab, wie ich sie als autodogmatische Einmannsekte erlebt habe. Ich bin auf diesem Weg aber auch deutlich über die Distanzierung von der Anthroposophie hinausgegangen. Nicht nur Anthroposophen begegnen mir mit Vorbehalten, wenn ich sie mit der Tatsache konfrontiere, dass ich Gott bin. Dies entspricht meiner bereits dargelegten Überzeugung, dass das anthroposophische Weltbild weit traditionalistischer ist, als auch ich es als Anthroposoph zugegeben hätte. Ich habe versucht, an meinem eigenen Beispiel zu zeigen, wie sich in der anthroposophischen Steiner-Rezeption über weite Strecken nur typisch christliche Überzeugungen eine Bestätigung suchen, die zwar der Anmutung nach aufgeklärt oder spirituell sind, nicht aber in ihren inhaltlichen Konsequenzen.

An dieses Urteil schließt sich notgedrungen die Frage an, ob jene Position, die ich in den vorangehenden Kapiteln für mich formuliert habe, mit einer solchen Anthroposophie auch nur ansatzweise etwas anfangen kann? Was ich geschrieben habe, muss nahelegen, dass ich mich von der Anthroposophie und dem Werk Rudolf Steiners gründlich verabschiedet habe. Und es gibt eine ganze Reihe von Anthroposophen, die dem freudig zustimmen und mir in Reaktionen auf meine Veröffentlichungen durchaus auch schon bescheinigt haben, dass das, was ich schreibe, mit Anthroposophie nicht vereinbar sei. Und in der Tat ist es das nicht, sofern man mit Anthroposophie das meint, was ich in den ersten Kapiteln hier beschrieben habe. Diese Art der Anthroposophie ist für mich in der Tat gestorben. Und weil es ganz besonders das Dogma ist, das mich daran heute abstößt, ist für mich auch ein Diskurs darüber, was mit Anthroposophie vereinbar ist und was nicht, von keinerlei Interesse.

Ich lebe durch meine Biografie in einem sozialen Netz, das so nachhaltig von der Anthroposophie geprägt und mit ihr verbunden ist, dass ich eine Art Zeugenschutzprogramm bräuchte, um mich davon zu befreien, gesetzt ich wollte es überhaupt. Aber auch unabhängig davon finden sich in der Anthroposophie durchaus Beiträge, die mich berühren und die ich für bedeutsam, inspirierend und das Leben verbessernd halte. Ich bin kein Elch, der seine Enttäuschung über dasjenige, was ihm einmal das Höchste zu sein schien, das ihm dann aber seine Schattenseite gezeigt hat, in eine Mission verwandelt, die ebenso dogmatisch dasjenige total verdammt, was er zuvor vergöttert hat. Ich habe die Anthroposophie für mich relativiert, nicht ihr den Krieg erklärt. Insbesondere weiß ich, dass die dogmatische Art, wie ich die Anthroposophie gepflegt habe, genauso ein Teil von mir ist, wie es zu mir gehört, mich von ihr so radikal zu distanzieren. Es geht bei dem Ganzen überhaupt nicht um die Anthroposophie, sondern nur um mich.

Wenn ich also auch heute noch die Anthroposophie für mein Denken und Handeln fruchtbar machen will, dann stellt sich mir die Frage, ob es hinter all dem, was ich als dogmatische Anthroposophie, als Offenbarungsglaube, als esoterisch-christliches Methadonprogramm, als lebensfeindliches, defätistisches, kulturpessimistisches und fortschrittsparanoides Wahngebilde diagnostiziert habe, einen Bereich gibt, in dem die Anthroposophie mich und mein Leben inspirieren kann, und wie dieser Bereich aussieht. Wenn ich dies im Folgenden versuche zu beschreiben, dann soll das weder eine umfassende Charakterisierung noch eine fundierte Kritik an dieser Anthroposophie sein. Ich möchte ausschließlich einige Aspekte hervorheben, die für mich eine besondere Attraktivität dieser kulturellen Strömung ausmachen. Eine Vollständigkeit ist darin in keiner Weise zu suchen.

ERLEUCHTUNG ALS ESCHATOLOGIE

> «Es gibt kein Ding, das Nirwana wäre; es gibt nur das Wort Nirwana.»
>
> Hermann Hesse, «Siddhartha»

Die Anthroposophie, wie ich sie kennengelernt habe, hat eine ausgeprägte Berührungsangst gegenüber anderen spirituellen Richtungen. Diese Angst ist sogar größer als gegenüber scheinbaren «Gegnern» wie Kirchen oder Naturwissenschaft. Und sie erklärt sich nicht allein aus dem Wettbewerb, in dem natürlich auch spirituelle Strömung miteinander stehen. Sie hat ihren Grund nach meiner Meinung in jenem positivistischen Charakter, durch den die Anthroposophie sich ein so konkretes und vielgestaltiges, mythisch ausgemaltes und von zahlreichen quasi-sinnlichen Vorstellungen durchzogenes Bild der geistigen Welt macht. Damit lenkt sie in gewissem Sinne von jener einfachen Absolutheitserfahrung ab, die in vielen anderen spirituellen Richtungen im Zentrum steht und als Selbstverständlichkeit betrachtet wird, auf die sich viele dieser Richtungen aber oft auch reduzieren lassen. Hinzu kommt die Überhöhung Steiners, durch die er in bester christlicher Tradition wie eine Art sinnlich realer Messias betrachtet wird. Diese Überhöhung rückt das Thema Erleuchtung in eine so weite Ferne, dass es zum schieren Mythos wird. Dass mit spirituellen Absolutheitserlebnissen etwas verbunden ist, das in einer gewissen Hinsicht stets vorhanden und Teil unseres normalen Erlebens ist, das wird durch diesen überhöhten Mythos überdeckt. Es erscheint völlig unmöglich, selbst solche Erlebnisse zu haben: Wer wollte sich schon anmaßen, und sei es nur vor sich selbst, etwas erreicht zu haben, das nur den höchsten Eingeweihten und den letzten Stadien karmischer Entwicklung vorbehalten ist? Dies war in der Tat das Schema, nach dem ich mich durch eingeredete Demut in einer Art negativen *self-fulfilling prophecy* von dem abhielt, was durchaus als eines der zentralen Anliegen der Anthroposophie gelten muss. Hätte man mir damals jenes Absolutheitserlebnis vorgeführt – und man hat es im Grunde ja! –, ich hätte es nicht erkannt, weil es nicht dem entsprach, was ich mir als Anthroposoph darunter vorstellte.

Eine weitere Hürde liegt in dem Umstand, dass in der Anthroposophie die Schulung so gut wie immer mit der Erwartung einer erweiterten Erkenntnis verbunden ist. Das gilt sowohl für die spirituellen Übungen als auch die Beschreibung der verschieden Stadien der Erleuchtung oder der Einweihung, des Ziels des Schulungsweges. Die Erweiterung der Erkenntnis und Erkenntnisfähigkeit ist eines der Kernthemen der Anthroposophie. Schon in seiner frühen Phase steht bei Steiner das Denken als Erkenntnisfunktion im Zentrum seiner Philosophie. Das, was Steiner damals noch andeutungsweise als Intuition bezeichnet und was er später in seiner theosophisch-anthroposophischen Terminologie deutlich differenzierter beschreibt, ist ausgerichtet auf höhere Erkenntnis und Wahrnehmung, auf übersinnliche Erfahrung, auf die sogenannte Geisteswissenschaft als eine quasi empirische Erforschung nichtsinnlicher Erfahrungsinhalte. Mit dieser Fokussierung auf Erkenntnis gibt Steiner aber den Schulungswegen und Übungen, die er beschreibt, stets eine funktionale Ausrichtung auf einen Zweck und verbindet sie mit der Erwartung eines an seinem besonderen Inhalt zu erkennenden Erlebnisses. Dieser Inhalt hat Wahrnehmungscharakter, zwar nicht sinnlicher Natur, dennoch ist er Inhalt: jener Inhalt nämlich, den Steiner in tausenden Vorträgen als geistige Welt beschrieben hat. Als Anthroposoph habe ich erwartet, dass ein Erfolg der spirituellen Schulung darin besteht, dass sie mich wie einen Blinden sehend macht für einen Inhalt, den ich zuvor nicht sehen konnte, für einen ganzen Kosmos an Inhalt, der dem sinnlichen Auge verborgen bleibt. Und in der Tat benützt Steiner an vielen Stellen genau diesen Vergleich.

Wer nun in diesem Bewusstsein sieht, wie andere spirituelle Schulen ihre Schüler am Fließband zur Erleuchtung führen, der muss den Argwohn entwickeln, dass es sich dabei um Betrug handelt. Daraus erklärt sich zu einem Teil die ablehnende Haltung der Anthroposophie, die sich immer wieder anderen spirituellen Strömungen gegenüber geltend macht: Man sieht diesen Umstand als Bestätigung, dass es sich dabei nicht um einen seriösen spirituellen Weg handeln kann und dass demgegenüber nur die Anthroposophie den richtigen Pfad bietet, zumindest insofern vom Bewusstsein eines westlich geprägten Menschen des 20. Jahrhunderts die Rede ist. Denn die Ansicht, dass Menschen früherer Epochen einen leichteren Zugang zum Geist finden konnten, ist integraler Bestandteil der anthroposophischen Entwicklungstheorie.

Ich stelle mir, während ich dieses Buch schreibe, immer wieder dieselbe Frage: Wie hätte ich wohl damals, als ich in meinem privaten anthroposophischen Dogma lebte, auf das reagiert, was ich jetzt hier schreibe? Und die Antwort ist natürlich die, dass ich verneint hätte, dass dasjenige, was ich hier als Absolutheitserfahrung bezeichnet habe, irgendetwas mit dem zu tun hat, was Steiner als seinen Schulungsweg bezeichnet. Ich hätte mich einem fatalen Irrtum aufsitzen gesehen und dasjenige, was ich hier schreibe, mit der Anthroposophie für unvereinbar erklärt. Und natürlich hätte ich mich in der Überzeugung bestätigt gefunden, dass nur die Anthroposophie einen wahrhaften Schulungsweg bietet, weil er mich vor genau solchen Irrtümern bewahrte.

Es hätte aber auch gar keinen Sinn gehabt, mir zu widersprechen und zu versuchen, mir klar zu machen, dass mit der Absolutheitserfahrung, die ich beschrieben habe, kein historisches oder biografisches Ereignis gemeint ist, das alles umwälzt und von Grund auf verändert und sein Subjekt zu einem besonderen, alle anderen Menschen überragenden Wesen erhebt, dass sie auch weder moralische Unfehlbarkeit noch absolute Erkenntnis mit sich bringt, eine neue Forschungsmethode (Geisteswissenschaft) initiiert oder gar Verdienst dessen ist, der sie durch geistige Übung herbeigeführt hat. Es ist vielmehr die ihrem Wesen nach nur spontan mögliche Offenlegung des Erlebnischarakters des Seins, und sie relativiert im dargestellten Sinne, was für uns bisher Wirklichkeit war. Insofern ist es, Eckhart Tolle folgend, kein Ereignis, das sich einstellt, kein Zustand, der erreicht wird, sondern eine Wirklichkeit, die immer da ist und die nur durch unsere Vorstellungen verdeckt wird. Wir leben ständig in dieser Wirklichkeit, nur merken wir es nicht. Und so verändert sich auch rein sachlich nichts, wenn wir es merken. Die Veränderung findet auf einer Ebene statt, die jenseits des Inhaltlichen liegt, die nur das diesen Inhalt begleitende Erleben des Bewusstseins betrifft.

Ob Steiners Schulungswege überhaupt auf diese Art spirituelle Erfahrung ausgerichtet sind oder ob sie tatsächlich eine andere, inhaltlich erweiterte Dimension der Erfahrung zu erreichen suchen, ist eine andere Frage. Jedenfalls hat es

Steiner, anders als Autoren wie Tolle oder Kabat-Zinn, nicht vermocht, mir Anleitung zu einer Aufdeckung dieser Erfahrungsschicht zu geben.

Doch findet sich durchaus eine Verbindung zwischen der Anthroposophie und anderen spirituellen Strömungen in der Orientierung auf ein wie auch immer beschriebenes absolutes Bewusstsein. Alles, was ich bei Kabat-Zinn, bei Tolle, bei Thich Nhat Hanh, Andrew Cohen, Sri Aurobindo, Krishnamurti und anderen Autoren über dieses Thema lese, ist im Grunde immer nur wieder ein neuer, individueller Versuch, das nicht Beschreibbare zu beschreiben. Und soweit es darum geht, reiht sich auch Steiner in diese Reihe ein, wenngleich ich die Erfahrung gemacht habe, dass seine Beschreibungen zu diesem Thema für mich äußerst wenig hilfreich waren und die Anthroposophie diesbezüglich, insbesondere heute, eine große, wenn nicht sogar lebensrettende Inspiration bei neueren Bewegungen finden könnte. Leider ist aber der Dialog mit anderen spirituellen Strömungen noch immer eine Randerscheinung in der öffentlichen anthroposophischen Kultur, wenngleich ich sicher bin, dass sich unter Anthroposophen und in anthroposophischen Institutionen weit mehr Menschen mit Kontakten zu solchen Strömungen und Praktiken finden, als es auf den ersten Blick scheinen mag. Veranstaltungen wie die Herbstakademie in Frankfurt, eine jährliche spirituelle Tagung, die von Anthroposophen, der Integralen Initiative um Ken Wilber und der EnlightenNext-Organisation um Andrew Cohen gemeinsam veranstaltet wird, beweisen, dass Anthroposophen zu einem solchen Dialog fähig sind, dass sie wertvolle Anregungen bekommen und auch selbst wertvolle Anregung für andere Strömungen sein können.

SPIRITUELLE AUFKLÄRUNG

«Ohne Nihilismus ist alle Spiritualität reinster Kitsch.»
Felix Hau

Ich habe weiter oben Steiners «Philosophie der Freiheit» im Sinne des Hedonismus mit der an den ethischen Nihilismus Crowleys erinnernden Formel «Du tust sowieso das, was du willst» interpretiert. Dass zumindest das Frühwerk Steiners in diesem Sinne hedonistisch interpretiert werden kann, wird auch an anderen Stellen seines Buchs deutlich, insbesondere dort, wo er schreibt, dass es neben einer deskriptiven Untersuchung der faktischen und historischen ethischen Systeme keine Ethik im Sinne einer Normwissenschaft geben könne (Rudolf Steiner, «Philosophie der Freiheit», GA 4, Dornach [16]1995, S. 194 f.). Diese Auffassung kontrastiert aber zumindest auf den ersten und zweiten Blick heftig mit jenem vor Moral und esoterischem Pathos triefenden Weltbild, das Teil meines früheren Umgangs mit der Anthroposophie war und das auch in mehr oder weniger intensiver Form der Rezeption des Spätwerkes und bestimmten Erscheinungsformen der Anthroposophie sowohl zu Zeiten Steiners als auch heute noch eigen ist.

Nun ließe sich einfach der Schluss ziehen, dass zwischen Früh- und Spätwerk bei Steiner ein radikaler Bruch stattgefunden habe. Doch dies bestreitet insbesondere Steiner selbst stets ganz energisch, und nicht zuletzt wird von den meisten Anthroposophen im Spätwerk so etwas wie eine Erfüllung des «nur» philosophischen Frühwerks gesehen. Autoren wie zum Beispiel Felix Hau in seinem Aufsatz «Rudolf Steiner integral – Eingeweihter, Lebemann, Priester» (*info3*, 5/2005) sehen hingegen im Frühwerk nicht nur den philosophischen, sondern geradezu auch den spirituellen Höhepunkt von Steiners Schaffen und in der späteren, esoterischen Anthroposophie einen Rückfall in einen voraufgeklärten Mythos (den theosophischen und den christlichen), mit dessen Hilfe er aus seinen Anschauungen eine erfolgreiche Mission machen konnte, wenngleich er dabei einen vorgegebenen esoterischen Kontext in Kauf nahm und den unabhängigen, direkten und am reinen Denken orientierten Stil seines Frühwerks preisgab.

Der Widerspruch zwischen dem erkennbaren Bruch nicht nur in den Anschauungen, sondern auch im ganz konkreten Lebenswandel von Steiner, und dessen konstanter Weigerung, diesen Bruch einzugestehen, wobei er ihn vielmehr als Transformation seines Frühwerks auf eine höhere spirituelle Stufe auszugeben versuchte, prägt die anthroposophische Rezeption bis heute. Und die Dichotomie dieses Bruchs erkenne ich auch in meinem hier dargestellten Weg wieder – in umgekehrter Richtung allerdings. Während ich zu Beginn in der esoterischen Anthroposophie die Erfüllung der höchsten Wahrheit erblickte, sehe ich heute ähnlich wie Felix Hau im Frühwerk einen zumindest unverstellteren Zugang zu Steiners eigentlichem Anliegen. Eine Anthroposophie, die ihrem eigenen Anspruch, insbesondere im Hinblick auf die von Steiner stets reklamierte Gültigkeit des Frühwerks, gerecht werden will, muss in der Lage sein, auch unabhängig von theosophischen und christlichen Ausdrucksformen ihren spezifischen Inhalt erfassbar zu machen. Diese Schicht einer «ursprünglichen Anthroposophie», die nicht nur als kleinster gemeinsamer Nenner aller sich der Anthroposophie zurechnenden Bewegungen und Subkulturen gelten soll, sondern die in gewisser Weise vielleicht den als solchen gar nicht explizierbaren, aber dennoch asymptotisch annäherbaren reinen Kern der Anthroposophie ausmacht, ist dasjenige, was mich auch heute noch an Steiner und der Anthroposophie interessiert. Diese ursprüngliche Anthroposophie ist nicht nur unabhängig von bestimmten Ausdrucksformen zu sehen – freilich auch unabhängig von der philosophischen des Frühwerks –, sie ist auch nicht angewiesen auf das Dogma und auf den Offenbarungsglauben, dem ich früher als Anthroposoph anhing und der eine Rechtfertigung und Glorifizierung auch all jener Teile und Bereiche des Werks Steiners impliziert, die einfach dem menschlichen Irrtum geschuldet sind und aus historischer Distanz relativiert werden müssen – nicht um Steiner zu diskreditieren, sondern um seine spezifische kulturelle Leistung überhaupt erst freizulegen.

Mit einem solchen Verständnis von ursprünglicher Anthroposophie öffnen sich aber zugleich auch auf ganz unprätentiöse Weise Wege und Verbindungen zu anderen spirituellen Richtungen, die im Kern ihres spirituellen Anliegens auf ihre je individuelle Weise doch meist auf Ähnliches abzielen wie die Anthroposophie. Und auf diese Weise löst sich für mich persönlich auch jener Bruch zwischen Früh- und Spätwerk weitgehend auf. Neben dem Zugeständnis an Steiner, seinen individuellen Lebensweg auch von ganz praktischen und persönlichen Präferenzen leiten zu lassen und in der Zuwendung zur Theosophie einen Kompromiss zwischen «reiner Lehre» und praktischer Relevanz, zwischen Ideal und Mission zu suchen, kann ich in einer etwas wohlwollenderen Interpretation, aber durchaus auf der Linie von Felix Hau, die späte Anthroposophie als die individuelle Umsetzung jenes oben formulierten hedonistischen und autotheistischen Prinzips sehen. Damit wäre die späte Anthroposophie in der Tat nur eine ihrer möglichen Ausprägungen, jene nämlich, mit der Steiner selbst für sich die größte Lusterwartung und das größte Begehren verbunden hatte. Und erst das Verkennen dieses individuellen Charakters und das Verabsolutieren zu einem dogmatischen ethischen System, das in dieser und nur in dieser Ausprägung die einzige und die vollständige Wahrheit findet, führt zu solchen abartigen Auswüchsen, wie ich sie selbst in meiner Karriere als Anthroposoph ausgelebt habe.

Nicht zuletzt ist es also Steiner selbst mit seinem Frühwerk, der das Dogma aufbricht, wenn er jede Form normativer Ethik ablehnt und moralische Pflicht durch Lust ersetzt. Denn diese relativierenden Vorbehalte scheinen mir auch in seinem Spätwerk trotz aller theosophisch-christlichen Mythologie immer wieder durchzudringen. Der Ruf nach Selbstverantwortung, der gepredigte Individualismus, die – wenngleich unerfüllbare – Aufforderung, selber seine Darstellungen zu prüfen, das Beharren auf dem rationalen Denken als letztem Korrektiv zeugen hiervon immer wieder. Die Erfüllung seines Anliegens kann nicht darin bestehen, die individuelle Ausprägung seiner Anthroposophie zu konservieren, sondern aus dem Geist dessen, was ich andeutend als ursprüngliche Anthroposophie bezeichnet habe, die eigene individuelle Form im Umgang mit den spirituellen Fragen des Lebens zu finden. Ein solches Anliegen muss sich weder für die Anthroposophie als Inspirationsquell rechtfertigen noch aber andere Quellen dogmatisch ausschließen. Es muss aber auch nicht die Anthroposophie, zumal in irgendeiner zufälligen Erscheinungsform, anderen Wegen und Pfaden überordnen, es sei denn aus rein individueller Präferenz. Und zwar ist der Grund dafür nicht irgendeine politische *correctness,* nicht Toleranz, sondern einzig der Umstand, dass darin ein wesentliches Element jener Anthroposophie besteht, wie sie aus dem Frühwerk Steiners hervorgeht und wie sie nach meinem Verständnis der Anthroposophie in ihrer Ursprünglichkeit eignet.

Ich verweise dazu auf Steiners Vortragsreihe «Der menschliche und der kosmische Gedanke» (GA 151). Darin präsentiert Steiner eine phänomenologische Typologie verschiedener denkbarer und in der Philosophie konkurrierender Wirklichkeitskonzepte wie etwa Materialismus, Idealismus, Phänomenalismus, Spiritualismus und weitere. Für Steiner sind diese verschiedenen Positionen, in Kombination mit einer weiteren Reihe unterschiedlicher methodischer Herangehensweisen, keine sich gegenseitig ausschließenden Universaltheorien, sondern verschiedene Möglichkeiten, die Welt aus bestimmten Perspektiven heraus zu erschließen, von denen sich jede in gewissen Bereichen oder zu gewissen Fragestellungen bewährt. Die darauf aufbauende Korrelierung mit allerlei kosmischen Phänomenen und Typologien, sowie die konkrete Anwendung auf bestimmte philosophische Autoren ist nicht das Entscheidende, sondern dient letztlich nur der Veranschaulichung der Methode. Wesentlich ist der Ansatz, in dem sich exakt jene relativierende und reduktiv skeptische Ausrichtung wiederfindet, wie ich sie für Konstruktivismus und Hedonismus beansprucht habe.

Steiners stillschweigender Anspruch, dass seine Anthroposophie oberhalb einer solchen Typologie verläuft und in ihrer Universalität diese Typen umfasst und aufhebt, lässt sich für das Werk als solches nicht einlösen. Es ist nicht möglich, sich zur Welt zu stellen, ohne sich damit bereits auf ein konkretes Wirklichkeitskonzept zu beziehen. Möglich ist aber, diese Einschränkung und Relativität des eigenen Konzeptes zu reflektieren. Und Vorträge wie die genannten beweisen, dass Steiner hierzu prinzipiell in der Lage und bereit war. Leider hat sich diese Haltung nur wenig in der Anthroposophie niedergeschlagen. Meist wird diese Reflexion durch einen absurden Universalitätsanspruch der Anthroposophie und ihrer Inhalte ersetzt und damit letztlich in ihr Gegenteil umgemünzt.

Steiners Werk lässt sich aber als Ganzes nur retten, wenn dieser positivistische Universalitätsanspruch aufgegeben und durch diese Reflexion ersetzt wird. Sie entspricht in der Haltung dem, was Heinz von Foerster in seiner Beschreibung des Konstruktivismus so wunderbar ausspricht: «Das, was Konstruktivismus genannt wird, sollte, so meine ich, schlicht eine skeptische Haltung bleiben, die die Selbstverständlichkeit des Realismus in Zweifel zieht.» Nicht nur weil natürlich auch Steiners Werk Absonderlichkeiten, Fehler und Widersprüche enthält, nicht nur weil die Anthroposophie als Weltanschauung eine spezifische und damit auch einseitige Perspektive der Welt anbietet, sondern insbesondere weil ihr universeller und erkenntnistheoretischer Anspruch nur in dieser Reflexion eingelöst werden kann und niemals in einer positiven Lehre. Die vielen Ausführungen Steiners zu den unterschiedlichsten Themen sind nur dann interessant, wenn sie nicht als alternativer, übersinnlicher Realismus aufgefasst werden, sondern als Ergebnis eines methodischen Zweifels.

Sowenig die Aufklärung eine Gegenposition zum traditionellen kirchlich-christlichen Weltbild des Mittelalters darstellt, sondern dieses durch eine kritische Reflexion seines erkenntnistheoretischen Status transzendiert, sowenig kann die Anthroposophie und mit ihr letztlich jede spirituelle Lehre eine Gegenposition zu einem aufgeklärten, naturwissenschaftlichen Weltbild sein, wie es unsere Gegenwartskultur prägt. Sie kann aber als spirituelle Aufklärung aufgefasst werden, die den erkenntnistheoretischen Status des Realismus reflektiert. Diesen Ansatz finde ich in Steiners Frühwerk sehr klar und deutlich vertreten, nicht nur in den zitierten Vorträgen, sondern auch im Rahmen dessen, was ich zum Konstruktivismus ausgeführt habe. In seinem späteren Werk, der sogenannten Anthroposophie im eigentlichen Sinne, reaktiviert Steiner hingegen voraufgeklärte, mythische Weltzugänge, die sich zunächst als Rückfall in vorrationale Erklärungsmuster darstellen. Erst wenn ich sein Frühwerk konsequent auf diese Anthroposophie anwende, kann ich diese Erklärungsmuster als einen Versuch verstehen, jene Wirklichkeitsschichten, die der aufgeklärte Realismus methodisch ausblendet und dem Glauben und einer bloß subjektiven Scheinrealität überantwortet, nicht als quasi-realistische Wirklichkeitsbeschreibung zu postulieren, sondern sie als methodische Instrumente und Modelle zu begreifen, mit denen die Bedingungen und Prämissen des Realismus reflektiert und kritisiert werden. Diese Reflektion muss notgedrungen außerhalb des Realismus und seinen Objektivitätsbedingungen stattfinden und sich auf ein anderes als das realistische Wirklichkeitskriterium der Objektivität stützen.

Im Sinne meiner Ausführungen über den Konstruktivismus ist dieses andere Wirklichkeitskriterium eben die noetische Qualität des Erlebens, also genau jene erkenntnistheoretische Reduktion auf die Bewusstseinsoperation als primäre, unmittelbar erlebbare Realität, aus der die Inhalte unserer Welterfahrung und insbesondere auch unser Objektivitätsbegriff hervorgehen, mit dem wir die Natur zur unabhängigen Außenwelt deklarieren. Allgemeiner gesagt: Die Wirklichkeit geht der Erkenntnis nicht als unabhängig existierende Außenwelt voraus, sondern ist ein Produkt der Erkenntnis und unterliegt damit irgendwie dem Subjekt. Also eben jenem Element, in dem der Realismus geradezu den Gegenbegriff seines Wirklichkeitskriteriums sieht. Der eigentliche Kern des Steiner'schen Monismus ebenso wie des konstruktivistischen Zweifels liegt aber in einer Aufhebung und Transzendierung der Objekt-Subjekt-Dichotomie. Dass diese Dichotomie selbst bereits bedingt ist und die Verabsolutierung der Objektivität im Realismus damit eine hintergehbare Prämisse darstellt, formuliert der Konstruktivismus mit Heinz von Foersters zitierten Worten nur als offenen skeptischen Vorbehalt. Steiner und viele andere spirituellen Lehren versuchen hingegen das Wirklichkeitskriterium, auf das wir durch diesen Zweifel zurückfallen, zu bezeichnen – als reines Denken, Bewusstsein, All-Eines, Kraft der Gegenwart, Erleuchtung, Tao etc. – und insbesondere als unmittelbare Erlebnisqualität verfügbar zu machen. Sie sind sich allerdings weitgehend darin einig, damit den paradoxen Versuch einer Beschreibung des Unbeschreiblichen zu unternehmen und nähern sich, je ausdrücklicher sie dies hervorheben, der offenlassenden, nur negativ-spekulativen Formulierung von Heinz von Foerster an. Das Spätwerk Steiners ist in dieser Hinsicht leider sehr wenig ergiebig, sondern errichtet statt dieser Beschreibung des Unbeschreiblichen ein Monument an mythisch-mystischem Bildwerk, das in seiner Komplexität mit ältesten religiösen Tradition konkurrieren kann. Es kann daher nur durch das umso deutlichere und als spirituelle Lehre im eigentlichen Sinne überhaupt nicht erkennbare Frühwerk für eine solche Sicht gerettet werden. Ich verstehe von daher die anschaulichen esoterischen Ausführungen Steiners als einen Versuch, in den traditionellen mythischen Bildern Modelle zu sehen für die Beschreibung der jenseits von Subjekt und Objekt stehenden Wirklichkeitsbedingungen der sinnlichen Welt, deren übersinnliche Natur kein Jenseitspostulat ist, sondern die Transzendierung des an die Natur gebundenen Objektivitätsbegriffs. Die Beschreibungen sind übersinnlich in dem Sinne, dass sie sich auf jene Operationen und Bedingungen beziehen, durch die Sinnlichkeit für uns zu dem wird, als was wir sie als rational aufgeklärte Beobachter betrachten: zur sinnlichen Außenwelt der Natur. Steiners Versuch kann, konstruktivistisch gesprochen, letztlich nur darin liegen, mit diesen Bildern auf die Unterscheidungen zu verweisen, die dem Konstrukt einer sinnlichen Natur zugrunde liegen!

Wenn ich die Transzendierung des realistischen Wirklichkeitskriteriums als spirituelle Aufklärung bezeichne, möchte ich damit einerseits diesen Bezug zur spirituellen Erfahrung hervorheben, andererseits aber auch die Analogie zur rationalen Aufklärung der Moderne deutlich machen. Die spirituelle Aufklärung steht weder in Opposition zu jener noch hebt sie sie auf. Sie wendet letztlich nur konsequent jenen Zweifel auf die objektive Natur an, mit dem die rationale Aufklärung Gott und seine Offenbarung vom Thron des absoluten Wirklichkeitskriteriums gestoßen hat. Sie führt damit die Reduktion von Prämissen und Prinzipien des Realitätsbegriffes folgerichtig fort und reduziert den Dualismus aus Subjekt und Objekt ebenso auf einen spirituellen Monismus, wie die rationale Aufklärung den Dualismus aus Diesseits und Jenseits auf einen monistischen Materialismus reduziert hat. Ob es Konstruktivismus einerseits und Anthroposophie andererseits gefällt, in den gemeinsamen Topf einer solchen spirituellen Aufklärung geworfen zu werden, ist mir letztlich gleichgültig. Es wird zweifellos viele Anthroposophen geben, welche die Reduktion der Anthroposophie auf einen skeptischen Vorbehalt ablehnen und den realitätsbeschreibenden Anspruch der Anthroposophie erhalten wollen. Und es wird ebenso Konstruktivisten geben, die sich gegen eine spirituelle Erfahrbarkeit des Konstruktivismus verwahren werden und sich in guter mitteleuropäischer Tradition auf eine rein spekulative Formulierung beschränken wollen. Ich halte beides für inkonsequent. Mir scheint gerade in dem Aufeinander-Bezogensein dieser beiden zunächst konträren Perspektiven der eigentliche Reiz dieser spirituellen Aufklärung zu liegen und auch eine gewisse Art von Sicherung, weder in die eine Richtung, in spirituell voraufgeklärten spiritistischen Positivismus, noch in die andere, in abstrakten Rationalismus und Relativismus, abzurutschen.

BIN ICH ANTHROPOSOPH?

> «Wenn man morgens aufwacht, besteht immer die Möglichkeit zu frühstücken.»
>
> Paul Auster

Immer wieder wird mir die Frage gestellt, ob ich Anthroposoph sei. Ich antworte darauf heute mit einem klaren Ja, obwohl das, was ich hier beschrieben habe, auch Anlass sein könnte, mit einem klaren Nein zu antworten. In gewissem Sinne wäre Letzteres sogar konsequenter und es gibt durchaus eine ganze Reihe von Anthroposophen, die mir ohnehin absprechen, mit solchen Ansichten Anthroposoph zu sein. Ich hätte früher wahrscheinlich auch dazu gehört. Dass ich mich heute aber nach wie vor als Anthroposoph bezeichne, hat einen ganz anderen Grund als denjenigen, aus dem ich es früher tat. Damals war diese Bezeichnung für mich ein Bekenntnis. Und dieses Bekenntnis war mit so viel Pathos aufgeladen, dass ich mich sogar nur als «werdender Anthroposoph» oder so etwas Ähnliches bezeichnet hätte. «Anthroposoph» war für mich so etwas wie ein Titel oder spiritueller Grad, ein Zustand, den ich durch die Beschäftigung mit Steiners Werk erst nach und nach erreichen würde.

Ich habe hier beschrieben, dass und wie ich dieses Bekenntnis und religiöse Pathos abgelegt habe. Ich habe mit meiner Weltanschauung auch dieses Bekenntnis gründlich verloren und bin eingetaucht in eine Weltsicht, die von vielen Anthroposophen als Materialismus und Nihilismus bezeichnet und verachtet wird. Aus diesem Materialismus und Nihilismus heraus hat sich aber dann für mich dasjenige entwickelt, was ich als Konstruktivismus und Hedonismus beschrieben habe. Ich sehe darin zwar keine positiven, bekenntnishaften Weltanschauungen, wie es die Anthroposophie für mich war, aber eine Weltanschauung ist auch das natürlich, insofern jede Einstellung der Welt gegenüber eine Weltanschauung ist. Und ich finde darin wesentliche Berührungspunkte mit Steiners Ansichten, insbesondere in seinem Frühwerk.

Nun ist das für mich philosophisch-weltanschaulich nicht relevant. Ich folge meinen Überzeugungen, nicht einer Lehre, für die ich einmal optiert habe. Und so gibt es für mich neben der Anthroposophie noch viele andere Inspirationsquellen. Die Anthroposophie nimmt aber einen besonderen Stellenwert ein, weil ich mich mit keiner anderen Lehre so intensiv auseinandergesetzt habe. Es ist die Weltanschauung, mit der ich aufgewachsen bin. Sie beherrscht meine Gewohnheiten, meine Vorstellungen, mein Vokabular und meine Begriffe, ob ich das will oder nicht. Und insbesondere mit ihren philosophischen Wurzeln im Frühwerk Steiners kann ich mich im großen Ganzen sehr gut identifizieren. Darüber hinaus lebe ich in einem sozialen Umfeld, das sehr stark von der Anthroposophie geprägt ist. Und nicht zuletzt ist die Anthroposophie in ihren praktischen Dimensionen trotz allem eine bedeutende kulturelle Inspiration, mit deren Grundausrichtung ich gerade dort, wo die Praxis alle theoretische Dogmatik und jedes religiöse Bekenntnis in den Hintergrund treten lässt, in vielen Bereichen durchaus einverstanden bin. Ich werde in einem späteren Kapitel noch näher auf diesen Punkt eingehen.

Dass ich mich heute als Anthroposoph bezeichne, hat seinen Grund also darin, dass ich mich der Anthroposophie als kultureller Strömung verbunden fühle, teilweise aus Überzeugung, teilweise aber einfach, weil sie meinen biografischen Weg geprägt hat. In diesem Sinne, obwohl ich nichts weniger teile als das christliche Bekenntnis, bezeichne ich mich zum Beispiel auch als Christ, weil ich in dieser Kultur aufgewachsen bin und das Christentum meine religiöse Grundkonfiguration geprägt hat. Zumindest in Abgrenzung zu anderen religiösen Kulturen. Für mich ist die Anthroposophie kein Bekenntnis, das mich auf irgendetwas verpflichtet. Sie ist vielmehr eine Inspirationsquelle, die ich nutze, um meinen persönlichen philosophischen und spirituellen Weg zu gehen. Wohin auch immer dieser mich führt. Dabei bin ich weder auf die Anthroposophie verpflichtet, noch erwarte ich, dass meine Überzeugungen für die Anthroposophie oder für andere Anthroposophen irgendeine Bedeutung haben. Ich erwarte weder Zustimmung noch Übereinstimmung. Ich erwarte von einer sich ostentativ als individualistisch präsentierenden Anthroposophie allenfalls Toleranz gegenüber meiner individuellen Umsetzung der Anthroposophie und ein Mindestmaß an Bereitschaft zu Kontroverse und Meinungsvielfalt sowie zur Auseinandersetzung mit den mannigfaltigen spirituellen und philosophischen Gegenwartskulturen.

In diesem Sinne bezeichne ich mich als Teil der anthroposophischen Kultur und Tradition und insofern als Anthroposoph. Die Anthroposophie als Lehre mag in Steiners Werk relativ kompakt greifbar sein. Die Anthroposophie als kulturelle Bewegung ist demgegenüber denkbar heterogen und diffus. Diese Heterogenität korreliert mit ihrer individualistischen Grundausrichtung und schlägt sich nicht zufällig auch in einer Heterogenität und dezentralen Organisation anthroposophischer Institutionen nieder. Die dogmatische

Enge, die, wie an mir selbst beschrieben, das Weltbild von Anthroposophen teilweise kennzeichnet, führt auf individuelle Überzeugungen zurück, institutionell wird sie so gut wie nicht propagiert. Es gibt insbesondere keine zentrale Institution, vergleichbar der Glaubenskongregation einer katholischen Kirche, die offizielle Lehrmeinungen oder Ähnliches ausgibt. Die teilweise absurden Grabenkämpfe, die gegen Kritik von außen geführt werden und bei denen manchmal weit unter der Gürtellinie agiert wird, die Ansprüche auf Deutungshoheit gegenüber kontroversen und vom Steiner'schen Wortlaut abweichenden Positionen unter Anthroposophen selbst sowie das hermetische Sich-Verschließen in einen dogmatischen Offenbarungsglauben finden in individueller Freiwilligkeit statt und werden keineswegs zentral gesteuert oder ideologisch gefördert.

Was das über die Zurechnungsfähigkeit solcher Vertreter der Anthroposophie aussagt, überlasse ich dem Urteil des Lesers. Entscheidend für mich ist, dass Anthroposophie nicht notwendigerweise so ist und dass es eine wachsende Anzahl namhafter Anthroposophen gibt, gerade auch in den «Führungsetagen» der Institutionen, die eine ganz andere, liberale, kontroverse und tolerante Anthroposophie vertreten und sich durchaus auch außerhalb dieses weltanschaulichen Schrebergartens zurecht finden.

DAS AMBIVALENTE FASZINOSUM STEINER

> «Musik ist höhere Offenbarung als alle Weisheit und Philosophie.»
>
> Ludwig van Beethoven

Was also bleibt für mich nun übrig von Rudolf Steiner? Aus der Art und dem Maß von Kritik und Distanzierung, wie sie hier zum Ausdruck kamen, könnte durchaus auch der Schluss gezogen werden, sich voll und ganz von der Anthroposophie zu distanzieren und geradezu in Opposition zu ihr zu treten. Dass ich dies nicht gemacht habe, hat seinen Grund nicht darin, dass meine Emanzipation nur halbherzig oder unvollständig wäre, sondern vielmehr darin, dass sie so grundsätzlich und radikal war, dass sie weit über die Anthroposophie hinausging. Die Auflösung meiner Weltanschauung in Materialismus und Nihilismus führte mich zu der Ansicht, dass jede Weltanschauung, jedes Prinzip, jede Position und Kritik letztlich relativierbar ist. Und dazu zählt auch jene «normale» Weltanschauung, die als Mehrheitskonsens unsere gegenwärtige Zivilisation verbindet und die gerne als weltanschauungsfrei bezeichnet wird. Aber sie ist natürlich genauso von weltanschaulichen Annahmen geprägt, die im konstruktivistischen Sinne zu hinterfragen sind. Dieser radikale, über die Anthroposophie weit hinausgehende Zweifel hinderte mich daran, einfach nur in eine Gegenposition zu verfallen.

Dass Steiners Stellung als Ausnahme-Prophet, wenn überhaupt, nur im Zirkelschluss mit seiner eigenen Lehre einen Sinn ergibt, habe ich bereits zu Beginn erläutert. Für meine eigene Bewertung muss ich ihn aber nicht an seinen, sondern an meinen Kriterien beurteilen. Und so erscheint Steiner für mich zunächst als ein Mensch, über dessen kulturelle Wirkungen ich nicht spekulieren muss. Der praktische kulturelle Einfluss seiner Anthroposophie ist gesamtgesellschaftlich nicht unbedingt riesig, für einen einzelnen, im Wesentlichen nur Vorträge haltenden Menschen aber durchaus ungewöhnlich nachhaltig. Sein Engagement, seine Überzeugungskraft und sein Charisma werden von Zeitgenossen immer wieder betont. Aber trotz mehrfachen Bemühungen war eine akademische Laufbahn nie zustande gekommen. Der Karriere-Erfolg stellt sich erst mit seiner Hinwendung zur Theosophie ein, wo er in weitgehender Freiheit und ohne formale wissenschaftliche Ansprüche arbeiten konnte. Und so fehlt bei näherem Hinsehen seinem Werk auch durchgehend eine gewisse Professionalität. Trotz genialer Ideen und einer enormen Vielfalt von Interessen und Themen wird das Werk wissenschaftlichen Ansprüchen nicht gerecht. Weder entspricht sein Frühwerk den Ansprüchen einer akademischen Philosophie, noch kann er in den vielen Bereichen, in denen er neue Ideen und Konzepte entwickelt hat, mit Expertisen aufwarten. Einzelne Ausführungen zu spezifisch naturwissenschaftlichen oder sozialwissenschaftlichen Themen sind ganz einfach falsch. Und vieles von dem, was er an Inhalten, insbesondere zu esoterischen und okkultistischen Themen ausbreitet, erweist sich zunächst nicht als originäre Schöpfung Steiners, sondern als Neukomposition von Inhalten aus ganz unterschiedlichen historischen Quellen. Helmut Zander hat in seinem akribischen Werk «Anthroposophie in Deutschland» eine Vielzahl dieser Spuren nachverfolgt und ihre Herkunft aufgezeigt. In diesem Zusammenhang muss auch erwähnt werden, welch unglückliche Figur Steiner dort macht, wo er sich zeitgenössischer rassistischer und antisemitischer Figuren und Positionen bedient, ohne diese, auch und gerade im Hinblick auf die grundsätzliche Ausrichtung seiner Anthroposophie, adäquat zu hinterfragen.

Ein Bereich, in dem mir Steiners fehlende Professionalität am auffälligsten zu sein scheint, ist sein künstlerisches Werk. Wie in vielen anderen Bereichen, in denen er seine anthroposophischen Ideen in die Praxis umsetzte, hat er auch hier nicht allein gearbeitet, sondern Profis hinzugezogen, die für eine qualifizierte Realisierung seiner Ideen sorgen sollten. Dennoch zeigt sich für mich gerade im künstlerischen Werk seine ausgeprägte Unfähigkeit, wirklich ästhetisch und kreativ zu arbeiten. Seine Arbeiten sind geprägt von einer brachialen Symbolik, die alle Ästhetik dominiert und sie nur Mittel zum Zweck sein lässt, um die leicht durchschaubaren esoterischen Inhalte zu transportieren. Dieser instrumentalisierende Umgang mit Ästhetik hat sich leider weit in die anthroposophische Tradition hinein fortgesetzt und einen anthroposophischen Stil entstehen lassen, der in erster Linie durch formale Schematik geprägt ist. Aber auch in anderen Bereichen durchzieht die Anthroposophie, so wie ich sie erlebe, stets ein Hauch von Dilettantismus: Das Provisorische, etwas Naive, Handgemachte wird gerne als Ausdruck von Authentizität und Menschlichkeit genommen, und Professionalität ist oft mit dem Verdacht belegt, kühl berechnend, mechanistisch und auf Äußerlichkeit ausgerichtet zu sein. In vielen Publikationen dominiert ein schlichter, von Fremd- und Fachwörtern meist gereinigter Stil, in dem sich bisweilen aber auch nur Unkenntnis mit esoterischem Pathos tarnt. In positiver Wendung könnte man allerdings auch sagen: Die Anthroposophie erschließt spezifisch wissenschaftliche, insbesondere philosophische Themen auch für ein akademisch weniger gebildetes Publikum und wirkt somit demokratisierend.

Versucht man also dem Faszinosum Steiner auf der Ebene akademischer Ansprüche, wissenschaftlicher Expertise und praktischer Könnerschaft nachzuspüren, so wie Zander das in seinem genannten Werk getan hat, dann bleibt von Steiner in der Tat nicht viel übrig: ein durchaus begabter Absolvent, der in seinen frühen Jahren besonders durch humorvolle zynische Einlagen am Studentenstammtisch aufgefallen ist und der sich irgendwann, enttäuscht von seinem Misserfolg, der Esoterik hingegeben hat, in der er als Redner und Guru sein Charisma voll zur Geltung bringen konnte. Doch so glaubwürdig man dieses Bild auch durch historische Quellen belegen kann, so wenig ist es eine befriedigende Antwort auf die Frage, warum Steiner mit seiner Anthroposophie, anders als vergleichbare Esoteriker, bis heute auf eine nicht unerhebliche Anzahl von Menschen eine derart gewaltige Faszination ausübt.

Der Grund für diese Faszination liegt in einer Eigenschaft Steiners, die von vorneherein historisch-analytisch nicht zu erfassen ist. Natürlich sind sein oft beschriebenes Charisma und seine von ihm selbst als exzessiv dargestellte Arbeitswut wesentliche Elemente seiner Wirkung auf die unmittelbare Umwelt, die als Anthroposophische Gesellschaft und Bewegung die Tradierung der anthroposophischen Inhalte begonnen hat. In dieser Tradition wirkt das Werk Steiners oft wie ein statisches Monument und wird nicht selten – mein eigenes Beispiel vorneweg – zu einer starren dogmatischen Lehre, in der eine ewige Wahrheit ausgebreitet zu sein scheint, die Steiner, wie einst die Gesetzestafeln Mose, direkt von Gott diktiert wurden. Bei einem gelegentlichen Rundgang durch das Dornacher Goetheanumgelände, auf dem viele von Steiner geplante Gebäude stehen, fiel mir allerdings hierzu etwas Überraschendes auf.

Ich kam damals gerade von einer Besichtigung des fürchterlichen roten Westfensters am Goetheanum und der riesigen Holzplastik mit Namen «Menschheitsrepräsentant». Die unmittelbare Konfrontation mit den Relikten und Reliquien an Steiners Wirkungsort brachte mir wieder die ganze Diskrepanz zum Bewusstsein zwischen dem anthroposophischen Übervater Steiner und dem Dilettantismus, der mir aus so vielem entgegen schlug, was hier als konkret ausgearbeitete Werke dieses Steiner zu finden war. Doch dann interessierte ich mich besonders für die von Steiner geplanten Gebäude auf dem Goetheanumgelände und ordnete sie in der chronologischen Folge ihrer Entstehung. Und dabei fiel mir etwas auf. Neben der wenig virtuosen architektonischen Umsetzung dieser Gebäude, die trotz erkennbarer origineller konzeptioneller Ideen in ihrer Unproportionalität und gewaltsamem Symbolik bisweilen nur noch als Kitsch zu bezeichnen sind, war noch etwas anders zu sehen: Die Chronologie dieser Gebäude zeigte eine sich enorm wandelnde und entwickelnde Stilvielfalt. Und bezeichnenderweise steht am Ende dieser Chronologie das sogenannte Haus Schuurman, dem fast alle «typisch anthroposophischen» Merkmale fehlen: keine schrägen Fenster, keine wulstigen Dächer, kaum organische Formen, ein rechteckiger Grundriss, gerade Wände, parallele Fenster. Einzig das Dach und das Eingangsportal tragen noch Reste der organischen Formensprache früherer Bauten. Bei näherem Hinsehen erscheint es für die damalige Zeit erstaunlich schlicht und modern. Man kann in den

Gebäuden auf dem Hügel eine individuelle Entwicklung vom Jugendstil zur Moderne verfolgen, die sich in dieser Spannweite nur selten bei einem einzigen Künstler zeigt, zumal wenn er das Fach nur nebenher betreibt. Zugleich ist die künstlerische und ästhetische Umsetzung der einzelnen Werke so unbeholfen und wenig gelungen, dass man von Architektur im eigentlichen Sinne nicht sprechen kann, sondern von prototypisch modellierten architektonischen Ideen.

Schaut man sich die stilistischen Veränderungen in Steiners Arbeiten an, nicht zuletzt auch in der Verschiedenheit der beiden Goetheanum-Entwürfe, dann erscheinen diese Werke sämtlich als Momentaufnahmen von sich ständig verändernden Ausdrucksformen. Es sind keine Werke, sondern Skizzen, ausprobierte Ideen, Studien, die nie zum Werk werden, weil sie längst von der nächsten Idee verdrängt sind. Und mir wurde in der Anschauung der Bauformen, die Steiner in Dornach hinterlassen hatte, klar, dass sein gesamtes Werk von dieser Skizzenhaftigkeit geprägt ist. Wo immer Steiner etwas ausarbeiten wollte, wo er nicht nur eine Inspiration hatte, sondern sie auch umsetzen wollte, da verliert er sich in Dilettantismus. Sein Genialität liegt im Entwurf, in der spontanen Idee, in der Skizze. Nicht zufällig sind die einzigen Werke, die nach hundert Jahren ein gewisses Interesse in der modernen Kunstszene finden, ausgerechnet seine sogenannten Wandtafelzeichnungen: spontane Skizzen zur Veranschaulichung vorgetragener Inhalte, die von findigen Zuhörern durch Aufbringung von schwarzer Pappe auf die Wandtafeln konserviert wurden, mit denen Steiner jedoch keine künstlerischen Absichten verband. Sie leben von ihrer Spontaneität, von der Skizzenhaftigkeit und dem lebendigen Fluss der Ideenbildung, in dem sie entstanden sind, und sie besitzen die ganze Leichtigkeit, Lebendigkeit und ästhetische Unmittelbarkeit, die den anderen, gewollten Werken so dringend fehlt.

Und dieses Phänomen lässt sich auch auf die anderen Bereiche seines Werkes ausdehnen. Auch in den Schriften und Vorträgen finden sich immer wieder geniale, seiner Zeit weit vorausgreifende Ideen, aber hingeworfen in grober, nachlässiger Ausführung. Steiner hält sich weder mit einer Darstellung seiner Quellen auf, noch verschwendet er die geringste Mühe, um formalwissenschaftlichen Anforderungen zu genügen. Er greift Ideen aus allen Richtungen auf, kombiniert sie, verarbeitet sie und wirft sie wieder hinaus. Er besaß eine besondere Sensibilität für das Erkennen übergeordneter Zusammenhänge, für allgemeine Strukturen, für Typologisierungen und die Interpolation von Einzelphänomenen und Entwicklungen in eine Verallgemeinerung. Dabei ist er nicht nur bisweilen über das Ziel hinausgeschossen, sondern fast notwendigerweise musste diese besondere Begabung auf der anderen Seite ein Defizit erzeugen, das sich in fehlender Akribie und Sorgfalt äußert und sich immer dort zeigt, wo die allgemeinen Typologien und Begriffe in die Konkretion geführt werden. Hier hat er nicht nur skurrile Kunstobjekte hinterlassen, sondern auch im theoretischen Bereich für einige Kuriositäten gesorgt, die den unvorbereiteten Leser eher an einen LSD-Rausch als an eine geniale Inspiration glauben lassen. Doch die skizzenhaften Ideen, die originellen Modelle der Wirklichkeitserklärung, seine Begriffe, die er aus allen möglichen Bereichen übernimmt und dann nach eigenem Bedarf knetet und formt – leider ohne dies immer sauber zu explizieren –, führen ihn zu philosophischen, naturwissenschaftlichen, pädagogischen, therapeutischen, ökologischen, künstlerischen, gesellschaftspolitischen, religiösen und anderen Ansätzen, die in ihrer tastenden, prototypischen Vorläufigkeit selten einer wissenschaftlichen Probe standhalten und das Gegenteil einer in sich konsistenten und systematisch nachvollziehbaren Lehre darstellen. Wer immer versucht, Steiners Anthroposophie als Lehrgebäude aufzufassen, wird entweder händeringend davonlaufen oder sie als eines der skurrilsten und hermetischsten Dogmensysteme missinterpretieren. Ein Beispiel für die letztgenannte Strategie habe ich am Anfang dieses Buches beschrieben.

Doch wer die Schwachstellen bei Steiner erkennt und sich daran macht, seine Stärken herauszufiltern, der kann in diesem überaus genialen Chaoten eine Perle der mitteleuropäischen Kulturgeschichte erkennen, die in aller Vorläufigkeit wesentliche Errungenschaften des 20. Jahrhunderts antizipiert hat. Für mich liegt Steiners zentrale Leistung nicht in den Ergebnissen seiner Arbeit, sondern in seinen Ansätzen und seiner Methodik. Steiner geht konsequent phänomenologisch auf die Welt zu und reflektiert sie. Sein wichtigstes Instrument ist die phänomenologische Typologisierung. Er ordnet die Phänomene nicht nach numerischen Kriterien, sondern nach qualitativen. Diese entziehen sich insoweit einer wissenschaftlichen Empirik, als sie auf ein Subjekt angewiesen sind, das diese Qualitäten auch jenseits von apparativer Messbarkeit und Objektivierung wahrnimmt und adäquate Kriterien formuliert. Schon hier wird klar, dass eine naturwissenschaftliche Überprüfung scheitern muss, weil für sie Empirik und Objektivierung notwendige Bedingungen sind. Doch obwohl Steiner die Naturwissenschaften anerkennt und schätzt, sieht er in ihnen weder eine universelle noch die einzige Möglichkeit einer erkenntnismäßigen

Erschließung der Welt. Steiner ist der Überzeugung, durch eine unvoreingenommene Reflexion der Phänomene adäquate Methoden zu ihrer Erforschung zu finden, statt ein beschränktes, vorgegebenes allgemeines Instrumentarium vorauszusetzen, dem sich die Phänomene zu erschließen haben, wenn sie nicht schlicht ignoriert oder als wissenschaftlich unerforschbar deklariert werden wollen.

Die Methode Steiners hat sich daher auch insbesondere auf jene Bereiche ausgewirkt, die sich einfachen mechanistischen und quantitativen Methoden eher verschließen: die Bereiche des Lebendigen, der Psyche und des Sozialen. Wenngleich auch diese Phänomenbereiche prinzipiell auf ihr sinnliches Korrelat reduzierbar sind, so wirft diese Reduktion in der Praxis ein erhebliches Problem auf: Sie wird mit zunehmender Abstraktheit des Phänomens so komplex, dass sie letztlich keine Aussagen mehr zulässt oder sich auf Trivialitäten beschränken muss. Ein anschaulicher Vergleich hierfür ist das Abschmecken einer Suppe: Wer ein naturwissenschaftliches Modell zur Bewertung der geschmacklichen Qualität einer Suppe wollte, bräuchte ein ganzes Arsenal an chemischen Laboruntersuchungen, Analysen und Theorien, um zu einem halbwegs befriedigenden Ergebnis zu kommen. Ein erfahrener Koch erreicht dies anhand einiger subjektiver phänomenologischer Kriterien mühelos und buchstäblich mit dem kleinen Finger. Und die erfolgreiche Tradition dieses Handwerks zeigt, dass diese Methodik in praxisrelevantem Maße objektivierbar ist.

Dies gilt im Prinzip ganz analog für die Anthroposophie. Auch sie zieht ihre Relevanz nicht aus einer naturwissenschaftlichen Rechtfertigung ihrer Methodik, sondern aus dem praktischen Erfolg. Und natürlich hat sie daneben auch immer wieder Irrtümer auszuräumen. Beides gilt aber auch für die Wissenschaft. Auch sie korrigiert sich, und auch sie bezieht im Grunde ihre Relevanz aus ihrem praktischen Erfolg. Ihre methodische Gültigkeit rechtfertigt sich in letzter Konsequenz aus derselben voraussetzungsfreien philosophischen Reflexion, die auch Steiner anwendet und durch Alternativen ergänzt. Und bei aller Kuriosität des Steiner'schen Weltbildes und seiner Beschreibungen ist er damit nicht nur auf einem deutlich höheren Reflexionsniveau als ein nur scheinbar aufgeklärter und sein methodisches Fundament für letztgültig haltender Szientismus, sondern er ist damit auch weit inspirierter, vielseitiger und ergebnisoffener als die meisten seiner Kritiker. Ihr stereotyper Vorwurf des Irrationalismus beweist nur, dass sie nicht in der Lage sind, sich auch nur hypothetisch auf eine andere als die anerzogene und in akademisch-institutionalisierter Reproduktion zum Glaubensdogma kultivierte materialistisch-naturwissenschaftliche Perspektive einzulassen. Vielmehr wittern sie geradezu eine moralisch-ideologische Bedrohung, wo immer jemand nach Maximen handelt oder denkt, die sich nicht ihrem eigenen, rationalistisch-naturwissenschaftlichen Paradigma beugen.

Hinzu kommt nun allerdings, dass Steiner, wie bereits gesagt, keine kompakte, systematische Theorie hinterlassen hat. Nicht nur seine Architektur war eine Reihung von mehr oder weniger spontanen Skizzen, auch seine Vorträge tragen diesen Charakter. Und er beschäftigte sich darüber hinaus mit allen möglichen Facetten des Lebens, die keineswegs einen Erkenntnisanspruch, geschweige denn einen wissenschaftlichen besitzen. Ob Erzählungen von eidechsenartigen Flugwesen im alten Lemurien oder die ganze Großfamilie der Engelshierarchien und ihre spezifischen Aufgaben als Fakten irgendeiner Art gewertet werden wollen, ob sie ein okkulter Code sind, literarischen Anspruch haben, imaginative Symbolik oder metaphorisches Modell für rational nicht explizierbare Phänomene sein sollen, bleibt letztlich dem Leser überlassen. Steiner verzichtet auf eine epistemologische und wissenschaftstheoretische Einordnung seiner Aussagen im Einzelnen. Auch seine Autobiografie nutzt er leider nur dazu, seinen Lebensweg zu idealisieren und in die teleologische Ausrichtung der Anthroposophie einzubinden, statt sein Werk sachlich zu reflektieren und Handreichungen zu dessen Einordnung zu geben. Insbesondere den Übergang vom früheren zum späteren Werk deutet er in seiner Autobiografie mit viel Entwicklungspathos zu einer Kontinuität um und bleibt damit eine Erklärung des Verhältnisses schuldig, in dem die beiden zueinander stehen. Gerade diese Relation aber wäre entscheidend für eine epistemologische und ontologische Bewertung und Einordnung insbesondere seines späteren Werks.

DIE KULTUR DER EIGENTLICHKEIT

«Spielen ist eine Tätigkeit, die man gar nicht ernst genug nehmen kann.»

Jacques-Yves Cousteau

Als ich heute im Autohaus auf mein repariertes Auto wartete, entdeckte ich am Tresen klebend etwas, das wie ein Blitz die sachlich technoide Ästhetik dieses Ortes durchbrach: ein Werbeplakat für eine Veranstaltung – warme Farben in harmonischen Abstufungen, Zwerge in umhüllenden, schiefwinkligen Formelementen, eine Schrift, als hätte mein kleiner Sohn an den Buchstaben herumgeschnibbelt. Und sofort sind die Erinnerungen lebendig. Ich stehe in halbdunklen, warmen Räumen. Es duftet nach Bienenwachs und gebrannten Mandeln, an den Wänden hängt Tannenreisig, Kerzen brennen, sorgsam gemalte Schilder weisen den Weg zu Stuben und Buden, in denen allerlei Handgemachtes aus Wolle und Holz verkauft wird. Nicht ganz perfekte, aber liebevolle Unikate. Alles ist zurechtgemacht, profane Funktionselemente des Schulgebäudes sind mit Seidentüchern oder Weihnachtsgestecken kaschiert, von irgendwo tönt Musik. Die Ästhetik der Waren und Dekorationen zeugt von einem gewissen Anspruch, von ökologischem Bewusstsein und Handarbeit, wird bisweilen aber auch von allzu ernster Schwere erdrückt. Kinder werden mit Märchen, bekerzten Nussschalenschiffchen und der langwierigen, schichtweisen Herstellung von Bienenwachskerzen unterhalten. Grellbuntes und Aufdringliches, Quäkendes und Plärrendes, profanes Plastik und monotone Industrieware müssen draußen bleiben. Alles folgt einer stillschweigenden ästhetischen und qualitativen Norm: Adventsbasar an der Waldorfschule!

Die typische Atmosphäre eines Waldorfbasars kennt nur, wer dort war. Als Schüler war ich früher notgedrungen jedes Jahr dort. Und vor einiger Zeit war ich nach gut 20 Jahren wieder einmal auf dem Adventsbasar meiner ehemaligen Schule. Die geschilderte Atmosphäre allerdings nicht. Dabei war vordergründig alles wie immer: Kerzenziehen, gebrannte Mandeln, Märchen, Kuchen, Filz und Naturfarben. Alles war da. Aber bei näherem Hinsehen: ein waldorfpädagogisches Tabu nach dem anderen gebrochen: kaum Reisig an den Wänden, unverhüllte Feuerlöscher, die Zimmer durchnummeriert, statt wachskreidenbemalter Wegzeiger ein schnöder Orientierungsplan. Zu Essen gab es Spinat-Ricotta-Ravioli in Schinken-Sahne-Sauce mit Parmesan und Rucola an Balsamico. Zwar lecker, aber vom Adventsbasar-Charme her nicht im Ansatz mit Wienerli & Kartoffelsalat oder selbstgebackenen Waffeln zu vergleichen. An den Verkaufsständen zum größten Teil kommerzielle Waren von externen Anbietern: Bücher, Kurzwaren aus Wolle, Obst und Gemüse, Perlen, Schmuck, Spielwaren. Die handgemachten Weidezäune für die waldorfkompatible Ritterburg, selbstgefilzte Höhlengnome und handbemaltes Tongeschirr musste man teilweise erfolglos suchen. Schließlich doch noch eine Bastelecke, in der man sich für 50 Cent aus Baumscheiben, Moos und Wachsknete eine weihnachtliche Miniaturlandschaft basteln konnte.

Es ist nicht so einfach zu sagen, was mir auf diesem Waldorfbasar fehlte. Denn im Grunde darf man froh sein, dass die enge und bisweilen von jeglicher Frischluftzufuhr abgeschnittene Subkultur der klassisch waldorfpietistischen Weleda-

Ästhetik in weiten Teilen der Vergangenheit angehört. Bei diesem Adventsbasar hatte ich allerdings das Gefühl, dass damit zugleich etwas über Bord geworfen worden war, das nicht nur zur gewohnten Atmosphäre des Basars gehört, sondern auch zur originären Idee der Waldorfpädagogik. Denn was hinter der ästhetischen Enge immer auch noch steckte, war ein gewisser Qualitätsanspruch, der sich – nicht unbedingt in dieser Ausformung, aber in seiner Haltung – überall dort findet, wo versucht wird, dem eigenen Tun über die rein technische Funktion hinaus einen Sinn zu verleihen, der sich nicht an beiläufigen Interessen, sondern an der Sache und an den Menschen selbst orientiert. Einen Sinn für Gediegenheit, für Ursprünglichkeit, für Originalität, für die erfahrbare Sinnlichkeit des Natürlichen, die seelenpflegende Wirkung von Ästhetik, den wechselseitigen Einfluss von Form und Funktion, die charakterbildende Kraft des Wahren, Schönen und Guten, die soziale und persönliche Reifung durch sinnstiftende Kulturtechniken. Kurz, einen Sinn für den Sinn einer Pädagogik, die sich an einem geistigen Menschenbild und an der konkreten Individualität des Kindes orientiert. Denn geistiges Menschenbild heißt nichts anderes als ein Bild, das den Menschen nicht nur als kausal wirkenden Teil einer physikalisch-biologisch determinierten Natur sieht, sondern darüber hinaus als ein Wesen, das sich und seine Umwelt mit einem ganz eigenen, das Physikalisch-Biologisch-Kausale übersteigenden Sinnzusammenhang versieht. Erst in diesem Sinnzusammenhang kann der Mensch Freiheit entwickeln, weil die Bedeutungen nicht der natürlichen Kausalität unterliegen, sondern sich als eine eigene Realitätsebene über die Kausalität erheben.

Pädagogik – weit über Schule hinaus – ist aber am Ende nichts anderes als die Begleitung eines rein biologisch-kausal funktionierenden Proteinbündels in die Kunst der autopoietischen Sinngebung, in das Herausheben des eigenen Ichs aus der nichtssagenden Relativität der schieren kausalen Sterblichkeit: Es ist die Begleitung des Kindes bei seiner Einbindung in einen übernatürlichen, kulturellen Bedeutungszusammenhang als freies Subjekt, in die Zeugung der eigenen Biografie. Und die Schule ist in unserer Kultur noch immer einer der wichtigsten Parcours aus Anregungen für diesen eigentlich paradoxen Sprung aus der kausalen biologischen Funktionalität in das spontane und freie Begreifen der Welt als Sinnzusammenhang, dem ich nicht als Proteinbündel ausgesetzt bin, sondern in dem ich als Subjekt handeln kann. Doch so sehr dieser Sprung ein absolut spontaner ist, so sehr Freiheit in diesem Sinne nicht von außen angeliefert werden kann, sondern vom Subjekt aus eigener Kraft ergriffen werden muss, so sehr ist jener übernatürliche Bedeutungszusammenhang, den wir Kultur nennen, nicht nur das Ergebnis dieses Ergreifens der Freiheit, sondern auch Bedingung dafür. Denn nur innerhalb dieses Bedeutungskontextes sind wir frei. Das Proteinbündel hingegen unterliegt als Naturprodukt der Notwendigkeit der Kausalität. Freiheit ist der operative Modus der Kultur, so wie die Kausalität derjenige der Natur ist. Der spezifische Sinn der Kultur, ihre Beschaffenheit als über die bloße Natur hinausgehender Bedeutungszusammenhang, setzt Freiheit als grundsätzliche Bestimmung der Handelnden und des Handelns voraus. Diese Freiheit ist keine Negation der Kausalität, sondern findet auf einer ganz anderen, auf der kulturellen, sozialen, biografischen Ebene statt. Um dort aber Freiheit zu verwirklichen, muss diese Ebene überhaupt erst anerkannt und betreten werden. Das heißt, die Entwicklung von Freiheit ist ein autopoietischer

Prozess, der zuerst den Bedeutungszusammenhang als solchen erschließen muss, um sich dann innerhalb desselben als handelndes Subjekt zu etablieren.

Das sich entwickelnde Subjekt muss sich beispielsweise zuerst in die Regeln der Sprache fügen, bevor es diese zur Verwirklichung der eigenen Freiheit, das heißt zur freien Kommunikation verwenden kann. Denn erst dieses sich Einfügen in das System der Sprache – also ganz konkret der Erwerb der Muttersprache – vermittelt dem Subjekt die Möglichkeit, dasjenige zu erfahren, was wir Bedeutung nennen und was Sprache und Kommunikation als kulturelle Operation ausmacht. Darin liegt das ganze paradoxe Phänomen des Erstspracherwerbs: dass ein System – das Proteinbündel – das über kein Instrument zur Kommunikation von Bedeutung verfügt, lernt, was Bedeutung ist. Das kleine Kind muss irgendwann in völliger Autonomie damit beginnen, das, was es da hört, nicht nur als Geräusch aufzunehmen, sondern als Träger einer Bedeutung. Niemand kann ihm das kommunizierend beibringen, weil dazu bereits Bedeutung nötig wäre. Es ist ein autopoietischer, zwar über längere Zeit laufender, aber dennoch spontaner Prozess absoluter Autonomie und Freiheit, der aber evoziert wird durch die zwangsweise Einbindung in ein vorgegebenes System, nämlich die jeweilige Sprache. Dieser paradoxe Prozess des Eintauchens in ein vorgegebenes Regelsystem, das zum Instrument der Emanzipation und zugleich zu dem wird, wovon ich mich emanzipiere, ist die prototypische Struktur, die jeder kulturellen Betätigung zugrunde liegt, insofern sie einem frei handelnden Subjekt zugeschrieben wird.

Diese paradoxe Idee der Entwicklung zur Freiheit steht hinter dem anthroposophischen Menschenbild, das der

Waldorfpädagogik zugrunde liegt. Nicht die Erziehung nach einem vorgegebenen Kriterium, nicht das Heranbilden gesellschaftlich nützlicher Fähigkeiten und Fertigkeiten, nicht die Vermittlung eines ethischen Regelwerkes ist das Ziel, sondern das Bereitstellen von möglichst idealen Anregungen zur Entwicklung jener Freiheit durch Integration in kulturelle Systeme und durch Emanzipation. Erziehung zur Freiheit, dieser oft missverstandene Slogan der Waldorfpädagogik, bedeutet eben nicht, Erziehung in Freiheit, in antiautoritärer Gleichgültigkeit, sondern es bedeutet das Anbieten von Bedeutungszusammenhängen, die das Kind in der gleichen Weise integrativ und emanzipatorisch erschließen kann wie die Sprache beim Erstspracherwerb. Würden wir Erziehung zur Freiheit dahingehend missverstehen, dass wir das Kind davon frei halten wollten, ein Sprachsystem aufgenötigt zu bekommen, dann würde es überhaupt nie sprechen lernen, und es käme Freiheit überhaupt nicht zustande. Denn ihm würde das Instrument und der Kontext fehlen, mit dem und in dem sich Freiheit überhaupt erst verwirklichen kann. Dieser Kontext muss dem Kind und dem sich zur Freiheit entwickelnden Subjekt vorgegeben werden, damit es ihn erschließen kann. Biografie und Freiheit sind die Summe solcher Bedeutungskontexte, in denen die Natur zur Kultur gedeutet wird, in der das Subjekt dann frei handeln kann. Und die Komplexität und Erschließungstiefe dieser Bedeutungskontexte ist ebenso entscheidend für das Maß an erreichbarer Autonomie einer Biografie wie das Maß an Emanzipation, durch das sich das Subjekt innerhalb dieser Kontexte frei bewegen und sie zu neuen Bedeutungen sublimieren kann.

Das ist die eigentliche Idee der «Erziehung zur Freiheit», die hinter der Waldorfpädagogik steckt und die trotz all der muffigen Szenenästhetik als originärer und bewusster Qualitätsanspruch stets zu spüren war. Doch sie scheint immer mehr verloren zu gehen und einer an Traditionen, Gewohnheiten, Moden und scheinbaren Sachzwängen orientierten Beliebigkeit zu weichen, die sich zwar durchaus an netten Dingen erfreut – an Spinat-Ricotta-Ravioli und Unterhosen aus Wolle-Seide-Gemisch zum Beispiel –, die aber nicht mehr den Unterschied spürt zwischen der Form einer Sache und ihrem Sinn, ihrem inneren Zusammenhang in einer Welt der Bedeutungen. Genau da liegt aber der Unterschied zwischen einer Pippi-Langstrumpf-CD und einer Märchenerzählerin, die im Kerzenschein und von Wurzeln und Wollzwergen umringt die Kinder mit ihrer Erzählkunst fasziniert. Nicht weil Pippi-Langstrumpf-CDs irgendwie gefährlich oder ungesund wären, sondern weil die Märchenerzählerin dem Kind (im richtigen Alter) ganz unabhängig vom Inhalt, im reinen Akt dieser Performance, einen viel reicheren Sinnzusammenhang gibt, an den es anknüpfen kann und durch den es selber in seiner autopoietischen Sinnstiftung angeregt wird. Es ist nicht das Versorgen des Kindes mit Information, mit dem Inhalt des Märchens, das den eigentlichen pädagogischen Wert darstellt, sondern der Akt des Erzählens an sich, das Eintauchen in die Geschichte, die soziale Dimension der Veranstaltung, das Erleben des Besonderen, die Interaktion mit Menschen und die Faszination am Evozieren von Vorstellungen. Dies alles ist eingebunden in eine möglichst reichhaltige und anregende Sinn- und Bedeutungswelt, deren konkrete Gestalt im Prinzip beliebig, die aber als solche unverzichtbar ist. Dasselbe bringt natürlich auch die CD mit sich, aber in viel schwächerem Maße. Sie ist im Vergleich zur Märchenerzählerin für das Kind wie eine trockene Brotrinde anstelle eines opulenten Festmahls.

Ob also die Zwerge aus Filz und naturfarben oder ob sie aus Plastik und neonbunt sind, wäre letztlich egal, wenn sie denn nur nicht als beliebiger Dekoartikel in einem Sammelsurium von Zufälligkeiten auftreten – und das tun auch die Filzzwerge mittlerweile viel zu oft! –, sondern wenn sie sich als Teil eines nachvollziehbaren und sinnlich reichhaltig erfahrbaren Sinnzusammenhanges darstellen, in dem auch der Adventsbasar nicht nur Mittel zum Fundraising und Imagekampagne ist, sondern auch eine selbst gewählte Tradition, ein Fest, ein Sinnbild der sich selbst organisierenden Schulgemeinschaft, Praktikum und nichtalltäglicher Erfahrungs- und Gestaltungsraum für die Schüler. All diese Aspekte dienen letztlich den Kindern als pädagogische Stimulation, an der sich die autopoietische Biografie-Zeugung entzünden kann. Wie diese Tradition im Konkreten aussieht, ist dafür zweitrangig. Entscheidend ist, dass sie nicht beliebig und willkürlich ist, sondern eben einen Sinnzusammenhang anbietet, in dem sich die Freiheit entfalten kann.

Dies ist die eigentliche Qualität hinter all der ästhetischen Zumutung, die ein Adventsbasar bisweilen mit sich brachte. Und ich spreche hier nicht über Konzepte, Methoden oder weltanschauliche Inhalte im Einzelnen, sondern nur von einer Haltung, einer Aufmerksamkeit für Gediegenheit, für Zusammenhang und Sinn, die sich im Detail in der nur scheinbar funktional überflüssigen Ästhetik und Tüddelei niederschlägt. Kurzum: Kultur! Denn diese Kultur ist ihrem Wesen nach ein freies und daher beliebiges, nicht aus Prinzipien oder Ideologien ableitbares Erzeugnis, und sie erhebt sich über natürliche Notwendigkeit hinaus in Phantasie und Spielerei. Und das sich darin abzeichnende Menschenbild ist keine moralische Norm, sondern der Inbegriff des Sinns, den die an der jeweiligen Kultur beteiligten Menschen ihrem Leben selbst geben wollen. Der Versuch, hier einen kleinsten gemeinsamen Nenner zu finden, eine neutrale Kultur, die den Menschen und insbesondere seine Erziehung rein rationalen Notwendigkeiten anheimstellen will, um ihn nicht einseitig zu prägen und womöglich autoritär zu bevormunden, dieser Versuch folgt nicht nur der absurden und totalitären Idee, dass es für alle Menschen eine wissenschaftlich beweisbare, allgemeingültige Kultur geben müsse, die sie von allerlei weltanschaulichen Vorurteilen befreie. In Wahrheit reduziert dieser Versuch auch noch die Freiheit, weil ein entsprechendes Sinnkonstrukt fehlt, in dem sich Freiheit überhaupt erst verwirklichen kann. Der freiheitsberaubenden Dogmatik entzieht man sich nicht durch scheinbare weltanschauliche Neutralität, sondern durch Reflexion und ein relativierendes Bewusstsein der eigenen, notwendigerweise einseitigen weltanschaulichen Optionen.

Diese Haltung, die versucht, nicht aus äußeren Notwendigkeiten zu handeln, weder aus einer Norm oder Ideologie noch aus Gewohnheiten, Traditionen oder anderen Schematismen, viel weniger noch aus sekundären Interessen, sondern aus dem Wesen einer Sache, das aus dem Kontext des eigenen Sinnkonstrukts hervorgeht, nenne ich Kultur der Eigentlichkeit. Die Kultur der Eigentlichkeit zieht ihre Befriedigung nicht primär aus Erfolg, Karriere und Anerkennung, ihr geht es um das Gelingen einer Sache und die Lust an einer Idee. Und zwar idealerweise in jedem einzelnen konkreten Fall neu. Ganz gleich ob es sich darum handelt, ein Krankenhaus zu leiten oder ein Brot zu backen. Und sie bildet ihr Sinnkonstrukt aus den jeweiligen Ideen. Eine solche Kultur ist einerseits von einer besonderen Ernsthaftigkeit und einem relativ geschlossenen Sinnkonzept geprägt. Andererseits kann sie dort, wo sie sich ihres freien und bedingungslosen Charakters und der Fokussierung auf das konkrete Phänomen als Ideengeber bewusst ist, dieses Sinnkonzept soweit sublimieren und abstrahieren, dass sie im Prinzip für jede Anregung offen ist, solange diese zur Eigentlichkeit der Sache beiträgt. Dies heißt aber, das eigene Sinnkonzept von Tradition, Ethik, Schematismus und Autoritäten aller Art soweit zu emanzipieren, dass ein freier Umgang damit im Dienste der jeweiligen Sache und deren Idee möglich ist.

Diese Kultur der Eigentlichkeit ist im besten Sinne dasjenige, was sich für mich als roter Faden durch die anthroposophische Praxis und Einrichtungen zieht. Nicht überall, nicht durchgehend, nicht ohne Abstriche, aber immerhin erkennbar. Sie läuft stets Gefahr, zwischen einer unnötigen Moralisierung, Teleologisierung und Ideologisierung des Sinnkonzeptes einerseits und dem Verlust einer gemeinsamen Sinnstruktur durch Anpassung an den Normalitätsdruck andererseits verlorenzugehen. Aber dort, wo sie sich durchsetzt – und das ist natürlich nicht auf anthroposophische Zusammenhänge beschränkt –, erlebe ich sie als eine Arbeitsweise, die von Inspiration getragen ist, die sich für das Detail engagiert, die sich ganz auf die Sache fokussiert, die für jede sachliche Anregung offen ist, die mit Lust und Leidenschaft betrieben wird und die an manchen Stellen für eine Fülle des Lebens und eine Dynamik sorgt, die frappierend ist. Ein recht bekanntes, geradezu sinnbildliches Beispiel für diese Kraft ist das Agrar- und Kulturzentrum «Sekem» in Ägypten, das auf die visionäre Initiative eines einzelnen Menschen zurückgeht und innerhalb weniger Jahrzehnte aus einem leeren Stück Sandwüste eine Natur- und Kulturlandschaft geschaffen hat, die ihresgleichen sucht. Sicherlich findet man auch dort nicht das Paradies, aber die Kraft, mit der sich echte Ideen verwirklichen, ist dort spürbar, ebenso wie an allen anderen Orten, wo eine solche Kultur der Eigentlichkeit gepflegt wird. Diese Kraft ist nichts, was von außen, durch Strukturen und Verwaltung, bewirkt werden kann, sondern sie realisiert sich in völliger Freiheit aus der Verbindung mit einer Idee. Oder wie Steiner es bezeichnet: aus moralischer Phantasie.

Idealerweise transzendiert diese Kultur der Eigentlichkeit damit sowohl die postmoderne Beliebigkeit als auch jeden reaktionären Fundamentalismus, indem sie ein radikales Bewusstsein des beschriebenen Konzeptes einer freien, autopoietischen Kulturgenese schafft. Und im konkreten Falle der Anthroposophie trägt sie schwer an der bereits ein Jahrhundert alten Tradition, die sich ganz natürlicherweise kulturell wie institutionell etabliert hat und die ebenso natürlich eine Gegenbewegung progressiver Modernisierung und Relativierung provoziert. Der Disput zwischen Bewahrung der anthroposophischen Substanz und Aufbruch in eine zeitgemäße Normalität findet aber seine Synthese erst in dieser Kultur der Eigentlichkeit. Sie kann relativieren, ohne ihre Substanz zu verlieren. Sie kann Traditionen pflegen, ohne in Dogmen zu verfallen. Sie bezieht ihre Authentizität nicht aus äußeren Normen oder deren Negierung, sondern aus der Autonomie des jeweils Handelnden und seiner moralischen Phantasie, die sich am konkreten Fall und nicht an einer Ideologie orientiert. Die Kultur der Eigentlichkeit instrumentalisiert Traditionen und Kulturen im Dienste des Eigentlichen und macht sie nicht zum Selbstzweck. Nichts wirkt lächerlicher als ein überladen anthroposophisch gestaltetes Adventsbasar-Plakat, dem jegliche Originalität und jegliche Authentizität und damit jeglicher Charakter abgeht, weil man ihm ansieht, dass es nur aus Versatzstücken einer anthroposophischen ästhetischen Schematik zusammengeschustert ist. Das Eigentliche aber fehlt ihm. Wäre es vorhanden, so käme es auch auf einem schlichten Blatt mit schwarzer Aufschrift zur Geltung. Alles andere ist schlechterdings pseudoesoterischer Kitsch.

Mit der Integralen Initiative um Ken Wilber könnte die Anthroposophie eine junge Schwester an ihrer Seite finden, die eine Kultur der Eigentlichkeit ganz bewusst jenseits einer weltanschaulichen Festlegung zu kultivieren versucht. Und sie ist nicht die einzige solche Bewegung. Die Kultur der Eigentlichkeit treibt an den unterschiedlichsten Stellen in unserer postmodern geprägten Kultur ihre noch sehr anfänglichen Keime. Und es sind weniger die einzelnen Menschen als vielmehr die überkommenen Strukturen, die es diesen Keimen sehr schwer machen, sich zu festigen. Denn auch in ganz konventionellen Institutionen, Firmen und Einrichtungen pflegen viele Menschen dort, wo sie einigermaßen selbstbestimmt sind, zumindest in ihren persönlichen Ansprüchen eine solche Kultur der Eigentlichkeit. Aber noch trauen wir uns als Gesellschaft nicht, dieses durch und durch menschliche Prinzip auch strukturell zu implementieren, weil die mit der Moderne eingeimpfte panische Furcht vor dem Schreckgespenst des Irrationalismus uns glauben macht, es wäre besser, auf jeglichen Sinn zu verzichten und das Menschenbild auf jenes Proteinbündel zu reduzieren, statt einseitigen, wissenschaftlich nicht prüfbaren und heterogenen kulturellen Konzepten Raum zu geben. Und dieser Vorbehalt ist auch solange gerechtfertigt, als solche kulturellen Konzepte sich nicht dem rationalen Zweifel der Moderne und dem Relativismus der Postmoderne unterzogen haben und sich nicht durch radikale Autonomie vor dem Rückfall in voraufgeklärte Fundamentalismen schützen.

Dieser Gefahr des Rückfalls sind nicht zuletzt auch die anthroposophischen Institutionen ausgesetzt. Denn natürlich ist mit dem Verweis auf die Kultur der Eigentlichkeit die anthroposophische Praxis in ihrer konkreten Vielfalt nicht hinreichend beschrieben, sondern nur ein wesentlicher Aspekt hervorgehoben, der für mich trotz aller Kritik und aller Vorbehalte, die ich im Einzelnen habe, die prinzipielle Erotik dieses Ansatzes ausmacht. Und wenn ich jene freie Kultur der Eigentlichkeit in dieser praktischen Anthroposophie diagnostiziere, so verbinde ich damit nicht nur eine Uridee, von der sie ausgeht, sondern in mindestens ebenso hohem Maße auch die Forderung, sich dieser Uridee wieder oder vielleicht überhaupt erst bewusst zu werden und an ihr die mit viel missionarischem Pathos für unverzichtbar gehaltenen, aber letztlich kontingenten Bestandteile dieser Kultur zu relativieren.

EPILOG

> «Nimm das Leben nicht zu ernst. Du kommst ohnehin nicht lebend raus.»
>
> Bugs Bunny

Als Gott werde ich immer wieder gefragt, warum ich die Welt überhaupt erschaffen habe. Es gibt darauf aber keine Antwort. Denn es gibt keinen Grund für dieses Leben. Noch viel weniger einen Sinn. Und wenn dies für das Leben selbst gilt, dann umso mehr für alles andere. Also beispielsweise auch für die Anthroposophie. Wer die Anthroposophie ernst nimmt in jenem fundamentalistischen Sinne, wie ich es hier in den ersten Kapiteln beschrieben habe, der gleicht einem Kinobesucher, der einen Schirm aufspannt, wenn es im Film regnet. Den Schirm nicht aufzuspannen, ist keine Ignoranz gegenüber dem Film, sondern zeugt von einem klaren Bewusstsein der Wirklichkeitsbedingungen des Films. Das entwertet die Wirklichkeit des Films nicht, es macht mich vielmehr frei, sie zu handhaben, statt ihr ausgeliefert zu sein.

Denn auch die Wirklichkeit außerhalb des Films ist nur mein Konstrukt. Sich dessen bewusst zu werden erfordert denselben spontanen Akt der Distanz, mit dem ich mich als vertiefter Filmzuschauer aus der Wirklichkeit des Films herauslöse und mir wieder bewusst werde, dass ich «nur» im Kino sitze. Wahrheit ist dabei nur die Selbstversicherung meines Egos durch die Verabsolutierung seiner eigenen Konstrukte. Sie ist für sich genommen nichts. Güte und Moral sind unsere eigene Erfindung zur Sublimierung unserer Lust. Sie sind für sich genommen nichts. Leere Möbel unseres

Welterklärungsinventars. Und Schönheit, sofern sie etwas werten will, ist das gemeinsame Dritte dieser Chimären. Real ist am Ende nur unser unmittelbares Erleben – im Film wie in der Wirklichkeit –, in dem aller Weltinhalt aufgehoben ist. Und dieses Erleben kümmert sich nicht um Wertungen, es kennt nur das Wie ihres jeweils konkreten Inhalts. Und dieses Wie ist das, worin unser Bewusstsein sich entfaltet. Es ist die Wahrnehmlichkeit der Welt, ihr ästhetischer Charakter als Bewusstseinsinhalt. Diese Ästhetik macht die Mannigfaltigkeit der Sinnlichkeit aus, sie ist das Wesen der Kunst als Archetypus menschlichen Handelns, sie ist das universale Kriterium, dem gegenüber Wahrheit und Güte leichenblass erscheinen. Diese sind nur abstrakte Prinzipien, deren Beliebigkeit sich in dem Zitat von Friedrich Nietzsche ausspricht: «Gesetzt wir wollen Wahrheit: *warum nicht lieber* Unwahrheit?» Die Essenz des Lebens ist nicht eine höhere Wahrheit, keine Moral, kein Gesetz, kein zu erreichendes Ziel, keine Mission, keine Pflicht und keine Tugend, sondern das Erleben in jedem einzelnen Augenblick. Und wenn im Genuss des Erlebens des Augenblicks Schönheit liegt, dann ist Schönheit das einzig wirkliche Kriterium des Lebens und der Wirklichkeit.

Diese Wirklichkeit findet aber in einem Spannungsfeld statt zwischen dem Eingetaucht-Sein in die Dramatik der Bewusstseinsinhalte und der Achtsamkeit auf das Wirklichkeit erst hervorbringende Wesen des Bewusstseins einerseits und der reinen Idealität der Bewusstseinsinhalte und damit auch dessen, was wir im Alltag als Wirklichkeit bezeichnen, andererseits. Im Bild des Kinobesuchers sind wir entweder ganz in den Film vertieft, identifizieren uns mit dem Helden, fiebern mit ihm mit, erschrecken vor Bedrohungen, fühlen Angst und Freude im Filmgeschehen. Oder wir blicken auf und sehen das auf die Leinwand starrende Publikum und wissen, dass die Inhalte und Gefühle des Films durch eine virtuelle Wirklichkeit induziert sind. Würde der Filmheld dem Zuschauer begegnen, so würde ihm dieser wie ein Ignorant erscheinen, weil der Zuschauer das Drama, in das der Held verstrickt ist, nicht ernst nimmt, es nur für eine Erfindung hält oder weil er womöglich, da es eine Komödie ist, über die Schicksalsschläge des Helden lacht. Oder er würde den Zuschauer für einen Eingeweihten halten, weil er über der Wirklichkeit steht, weil er in Zukunft und Vergangenheit sieht, weil er das Schicksal von außen statt von innen betrachten kann und weil er zwar mitfiebern, dabei aber völlig gelassen beobachten kann. Diese beiden Pole können wir jedoch in uns selbst finden. Nicht nur als Kinobesucher im Eintauchen in den und Auftauchen aus dem Film, sondern auch im Leben selbst. Wir pendeln hin und her zwischen dem Eintauchen in die Dramatik des Lebens, in die Innenperspektive des Schicksals, und dem Auftauchen in die relativierende Übersicht und Beobachterperspektive des sich bewussten Bewusstseins. Und je mehr wir herauspendeln können, desto tiefer können wir auch hineinpendeln, ohne darin zu versinken. Und je mehr wir hineinpendeln können, desto weiter können wir herauspendeln, ohne uns im Relativismus zu verlieren.

Angst und Gleichgültigkeit sind die Negativ-Aspekte der beiden Amplituden dieses Pendels, Leidenschaft und Humor die positiven. Nun fehlt es der Anthroposophie, so wie ich sie kennengelernt habe, sicherlich nicht an Leidenschaft. Ihre besten Seiten verdankt sie dieser Leidenschaft. Aber was ihr ganz dringend fehlt, ist Humor. Denn auf das Fehlen des Humors führen andererseits ihre dunkelsten Seiten, ihr Fundamentalismus, ihre Hermetik, ihre bisweilen bornierte Selbstverliebtheit und ihr blinder Absolutismus zurück.

So wie ich mit Leidenschaft eintauche in den Bedeutungszusammenhang eines Films oder einer Weltanschauung und damit das Leben mit Sinn anreichere, so tauche ich mit Humor wieder auf und erkenne mich selbst als Schöpfer dieses Sinns, dessen Zweck nicht die in diesem Sinn liegende Bedeutung ist, sondern die Leidenschaft, mit der ich ihn erschaffe. Ich mache einen Spaziergang nicht, um an ein Ziel zu kommen, sondern ich wähle ein Ziel, um einen Spaziergang machen zu können. Und in der Regel ist hier das Ziel mit dem Ausgangspunkt identisch. Die Lust zu spüren, die in einem Spaziergang liegt, das ist Leidenschaft. Die paradoxe Sinnlosigkeit dieses Unterfangens aus der Distanz zu erkennen, ist Humor. Wer keine Leidenschaft besitzt, wird sich nur wundern können über das schrullenhafte Ansinnen des Spaziergängers, einen riesigen Umweg zu gehen, nur um an den Ausgangspunkt zurückzukehren. Wer keinen Humor besitzt, der wird tatsächlich glauben, ein Ziel zu verfolgen, und er wird jeden für ignorant halten, der nicht spazieren geht.

Mit Humor meine ich hier also weniger das bloße Lachen über einen Witz oder das Amüsement über die kleinen Peinlichkeiten im Leben unserer Mitmenschen. Natürlich habe ich auch schon Anthroposophen lachen gehört. Nur leider kaum je über Anthroposophie. Denn ich meine hier mit Humor besonders auch die generelle Haltung dem Leben und insbesondere den eigenen Anliegen gegenüber, sie aus der nötigen Distanz zu betrachten. Es ist diese Distanz, die einerseits die Relativität, Sinnlosigkeit und spaziergangartige Schein-Teleologie des Anliegens entlarvt. Andererseits aber befreit sie auch dazu, das Leben in erster Linie mit Genuss und guter Laune zu führen, mit Lachen zu begleiten, statt sich vom Ernst seiner illusionären Missionsziele vereinnahmen zu lassen und seine Ideologie für wichtiger zu halten als einen guten Witz darüber und die lustvolle Leidenschaft daran. Denn Leidenschaft ist Genuss am Ernstnehmen einer so absurden Sache, wie ein Spaziergang sie ist. Aber nicht um des Zielorts des Spazierganges willen – der gar keiner ist –, sondern um des Genusses willen, den ein ernsthaft durchgeführter Spaziergang mit sich bringt.

So wie sich das Ziel eines Spaziergangs zu diesem Zweck des Spazierengehens verhält, so verhält sich auch die Anthroposophie und ihre Ziele zu meiner Leidenschaft an einem sinnerfüllten Leben.

Leidenschaft und Humor sind daher auch die einzigen Tugenden, die diesen Namen verdienen. In ihnen findet das Leben zu sich selbst. Sie sind die Tugenden des Hedonismus und des Konstruktivismus, sie pfeifen auf Wahrheit und Güte: Sie knüpfen sich an das konkrete Erleben im je einzelnen Falle, unwiederholbar, nicht zu verallgemeinern. Sie schaffen die Wirklichkeit und ergötzen sich zugleich an ihr. Ihr einziges Kriterium ist jene wertfreie Schönheit des Augenblicks und des Seins. Die Leidenschaft führt uns hinein in die Verwicklungen des Lebens, in die Tragödie, schafft Inhalt, berauscht uns mit Sinnlichkeit, lässt uns in den Film eintauchen. Der Humor befreit uns wieder daraus, lässt uns erkennen und macht uns zu bewussten Beobachtern. Humor ist Erleuchtung für den Alltag. Er ist Aufklärung und Relativierung zugleich. Das Lachen ist nicht nur eine spezifisch menschliche Seelenfunktion, im Lachen werden wir uns für einen kurzen Augenblick unserer Distanz zu den Dingen und im besten Falle unserer Distanz zu uns selbst bewusst.

Im Humor, egal ob im ekstatischen Lachen oder in der stillen Freude, begegnet unser Ego dem Selbst und wird sich seiner eigenen Lächerlichkeit und der absoluten Schönheit des Seins bewusst. Leidenschaft macht den Mensch zum Menschen, zu Gott wird er aber erst durch Humor.

Der Autor freut sich auf Reaktionen, Rückfragen, Diskussionen und Einwürfe: www.cgrauer.de/gott

Taja Gut

Wie hast du's mit der Anthroposophie?

Eine Selbstbefragung

Der Autor hat sich jahrzehntelang mit Werk und Person Rudolf Steiners auseinandergesetzt, persönlich, publizistisch und editorisch. Die Faszination, die dieses zu gänzlich gegensätzlichen Ansichten herausfordernde, in sich zugleich folgerichtige und widersprüchliche Lebenswerk Rudolf Steiners auf ihn ausübt, gab Anlass zu dieser kein Tabu scheuenden Selbstbefragung.

Dabei kommt auch Unbequemes zur Sprache, im besten Sinne Fragwürdiges, das heißt einer Befragung würdig. So fordert das Buch vielmehr dazu auf, sich dem Widersprüchlichen zu stellen, ohne es gleich mit Glaubenssätzen zu überkleistern, mit den Brüchen und Paradoxien zu leben, sich ehrlich zu fragen, was das eigentlich heißt, mit der Anthroposophie oder gar als Anthroposoph zu leben.

Klappenbroschur; 160 Seiten
2010 Pforte Verlag / ISBN 978-3-85636-218-8

Andreas Laudert

Abschied von der Gemeinde

Die anthroposophische Bewegung *in* uns

Andreas Laudert stellt die Frage nach der anthroposophischen Identität im Kontext der zahlreichen Milieus, mit denen er in den vergangenen Jahren in Berührung gekommen ist. Und er gibt sich vor sich selbst Rechenschaft, was Anthroposophie ihm geworden ist und noch werden wird. Im Blick nach außen stellt er fest, dass der Spagat von Anspruch und Erüllung manchmal dermaßen gedehnt ist, dass in den diversen sozialen Organismen seltsame Erscheinungen zutage treten. Allerdings ist er nie unbeteiligter Kritiker, sondern Involvierter und auch Betroffener. So legt er den Finger mit aller Deutlichkeit auf Unakzeptables, demaskiert Fassadenhaftigkeiten, analysiert Fehlkonstruktionen – manchmal zornig, manchmal intellektuell brillant, manchmal köstlich amüsant und manchmal traurig. Seine Suche nach Authentizität gerät ihm zu einer literarisch anspruchsvollen Wanderung durch Innen- und Außenwelten. Was entstanden ist, darf als ein Kapitel individualisierter Anthroposophie begrüßt werden.

Klappenbroschur; 208 Seiten
2011 Futurum Verlag / ISBN 978-3-85636-223-2